Gewidmet dem jungen Sinto, der uns in Arolsen auf die Frage nach dem Titel des Buches antwortete: „Ist doch klar: **Das Buch der Sinti!"**

Wir bedanken uns bei den Sinti und ihren Familien für ihre Mitarbeit, Geduld und Gastfreundschaft:

Adam, Anton, Bamberger, Biella, Birkenfelder, Böhmer, Brala, Brandtner, Braunwarth, Cibula, Clair, Drescher, Duo Z, Ernst, Franz, Frolian, Georg, Gross, Hoff, Klimmt, Krämer, Kwiek, Lanzberger, Laubinger, Marx, Meinhardt, Mettbach, Peter, Poser, Reichard, Rose, Rosenberg, Schmidt, Schopper, Schwarz, Simon, Steinbach, Steinberger, Strauß, Waldschmidt, Weiß, Winterstein, Winterstein Swingtett, Wirbel.

Das Buch der Sinti

»... nicht länger stillschweigend das Unrecht hinnehmen!«

Jörg Boström (Hrg.)
Uschi Dresing (Hrg.)
Jürgen Escher
Axel Grünewald

Mit einem Vorwort von Romani Rose

ELEFANTEN PRESS

ELEFANTEN PRESS VERLAG GMBH
Zossener Str. 32, 1000 Berlin (West) 61

CIP-Kurztitelaufnahme der Deutschen Bibliothek

Das Buch der Sinti: „... nicht länger stillschweigend d. Unrecht hinnehmen!" / Hrg., verf. u. fotogr. von Jörg Boström ... – Berlin (West): Elefanten-Press-Verlag, 1981. (EP; 62)
NE: Boström, Jörg [Mitverf.]; GT
ISBN 3-88520-062-7

Layout:
Jürgen Escher, Axel Grünewald
Satz:
Lichtsatz 80, Lüdenscheid,
Alwin Schmidt, Bielefeld
Bindearbeiten:
Klemme & Bleimund, Bielefeld

Wir bedanken uns für die Mitarbeit der grafischen Werkstätten des Fachbereichs Design der Fachhochschule Bielefeld.
Reproduktion:
Jürgen Behrends
Druck:
Manfred Lömker

Inhalt

Vorwort

1939 – 1945 fiel neben dem jüdischen Volk auch das Volk der deutschen Sinti und Roma (Zigeuner) der Vernichtungsmaschinerie des Dritten Reiches zum Opfer. Mehr als eine halbe Million Roma und Sinti wurden in den Konzentrationslagern von NS-Einsatztruppen ermordet. Dieser Völkermord wurde im Nachkriegsdeutschland verdrängt und völlig verschwiegen. Die Überlebenden wurden obendrein durch Nachkriegsbehörden der Bundesrepublik Deutschland bedrängt und diskriminiert.
In der Nachfolge der nationalsozialistischen Zigeunerzentrale wurde diese bis 1951 unter der alten NS-Bezeichnung als Zigeunerpolizei, später, ab 1951, als sogenannte Landfahrerzentrale beim Bayerischen Landeskriminalamt weitergeführt. Außerdem wurde mit der Bayerischen Landfahrerordnung von 1953 eine rassistische Ausnahmegesetzgebung gegen die Sinti erlassen, die u. a. die Freizügigkeit dieser Volksgruppe beschränkte und sie polizeilicher Willkür auslieferte. Diese Landfahrerzentrale, der noch die NS-Akten über Sinti zur Verfügung standen und die z. T. mit dem Personal der NS-Zigeunerzentrale weiterarbeitete, begann nach 1945 alle Sinti, darunter Frauen, Kinder und Alte, schon wieder namentlich zu erfassen. Die anderen Landeskriminalämter der Bundesrepublik Deutschland arbeiteten eng mit dieser Zentrale zusammen.
Die Landfahrerzentrale im Bayerischen Landeskriminalamt maß sich gegenüber den anderen Landeskriminalämtern Bundeszuständigkeit an und erließ entsprechende Richtlinien. Unter anderem übernahm die Landfahrerzentrale die Aufgabe, mit alten NS-Akten Sinti, die vor deutschen Gerichten Wiedergutmachungsansprüche stellten, zu diffamieren, zu „belasten", um ihre berechtigten Ansprüche zurückzuweisen. Dabei schreckte die Bayerische Landfahrerzentrale vor Entstellungen und Unwahrheiten nicht zurück.
Die Landfahrerordnung war die Fortsetzung des „Zigeuner- und Arbeitsscheuengesetzes" von 1927, auf das sich auch die Nazis bezogen.
Seit dem Sommer 1979 hatte der „Verband Deutscher Sinti" gemeinsam mit der „Gesellschaft für bedrohte Völker" das Bundesarchiv in Koblenz aufgefordert, alle Sinti-Personalakten des Dritten Reiches, sei es beim Bayerischen Landeskriminalamt, sei es bei dem bis zum Sommer 1979 als führendem „Ziganologen" anerkannten „Zigeunerforscher" Dr. med. Hermann Arnold, einzuziehen.
Während letztere eingezogen wurden, kam aus Bayern keine Reaktion.
Der unbefristete Hungerstreik der Sinti in Dachau sollte noch einmal auf die langjährige, grundgesetzwidrige Existenz der erst 1979 aufgelösten Landfahrerzentrale und der „Bayerischen Landfahrerordnung"

aufmerksam machen und darauf hinweisen, daß Polizeibeamte in den 50er und 60er Jahren in offiziellen Polizeizeitungen rassistische Hetzartikel im Stürmerstil, verfaßt hatten und daß die von der Landfahrerzentrale ausgegebenen Richtlinien für Polizeiwillkür bis heute zum täglichen Erleben der Sinti gehören.
Beim Hungerstreik sollte noch einmal die Vernichtung bzw. Einziehung der Akten der Landfahrerzentrale gefordert werden. Weitest möglichen Widerhall in der Öffentlichkeit versprach dabei die Methode des Hungerstreiks, an dem sich vor allem ehemalige Sinti-KZ-Insassen, aber auch Vertreter der jüngeren Sinti-Generation beteiligten.
Der Hungerstreik wurde begleitet durch eine intensive Pressearbeit, bei der die „Gesellschaft für bedrohte Völker" mit ihren Kontakten hilfreich zur Seite stand. Unterstützung gewährten aber auch der jüdische Studentenverband und die evangelische Kirche. Der Hungerstreik in Dachau hat einen enormen Widerhall in den deutschen und internationalen Massenmedien erfahren und somit zum zweiten Mal seit 1945, nach der Gedenkkundgebung in Bergen-Belsen im Oktober 1979, Teile der deutschen Öffentlichkeit Verständnis für die Probleme der Sinti aufbringen lassen. Er hat eine Solidaritätswelle unter den Sinti in der Bundesrepublik Deutschland und verschiedenen Initiativen für Sinti ausgelöst. Inzwischen hat z. B. die SPD auf Länderebene und im Bundestag Ausschüsse für die Sinti eingesetzt, evangelische Landeskirchen haben Sinti-Beauftragte berufen, und das Land Bayern hat die Mitfinanzierung für ein Sinti-Kulturzentrum in Aussicht gestellt.
Der Verlauf und die Hintergründe unseres erfolgreichen Hungerstreiks in Dachau sind nur ein – wenn auch wichtiger – Aspekt unserer Bürgerrechtsarbeit.
In dem vorliegenden Buch werden eine Reihe weiterer Aspekte dieser Arbeit beschrieben, auch die fast völlige Vernichtung der Zigeuner im Dritten Reich. Dieses Buch ist ein wesentlicher Beitrag, um diese Vergangenheit der deutschen Geschichte und damit auch der Geschichte der deutschen Sinti und europäischen Roma zu bewältigen. Zugleich ist dieses Buch ein wichtiger Schritt, daß „Ziganologen" wie der Landauer Amtsarzt H. Arnold, die uns als Volk auch nach dem Krieg im Geiste des Dritten Reiches „rassenbiologisch boforschten", ihr Gewicht als offziell anerkannte „Zigeunerfachleute" endgültig einbüßen müssen.

Romani Rose

Sprecher des Verbandes Deutscher Sinti und Präsidiumsmitglied der Romani Union

Sinti heißt der Mehrheitsstamm der deutschen und mitteleuropäischen Zigeuner. Sinti nennen sich die deutschen Zigeuner selbst. Als Rom oder Roma bezeichnen sich die internationalen Zigeuner. Ihre Sprache ist das Romani oder Romanes und wird in 14 verschiedenen Dialekten gesprochen.
Heute sind die Roma mit 6 Millionen Menschen die größte nicht territorial gebundene Minderheit in Europa. Insgesamt soll es 10 Millionen Roma in der ganzen Welt geben.

500 Jahre verfolgt, vernichtet, abgeschoben

Zur Geschichte der Sinti

Roma um 1800 in Ungarn. Autor unbekannt.

Vor etwa 1000 Jahren wurden die Roma aus ihrer ursprünglichen Heimat Punjab (Indien) vertrieben. Einzelne Gruppen siedelten sich im mittleren Osten an. Während des 12. Jahrhunderts kamen viele Stämme als friedliche Einwanderer nach Europa.
Man unterscheidet heute drei Hauptgruppen der Roma. Die Unterscheidung stammt von den Roma selbst und wurde von den Wissenschaftlern anerkannt.

Die Kaldera
Kesselschmiede (rumänisch: Kessel – Caldera) leben hauptsächlich in den unteren Donauländern und auf der Balkan-Halbinsel. Sie unterteilen sich in fünf Gruppen:
Die Lovarie
sind von Ungarn nach Frankreich ausgewandert.
Die Boyhas
stammen aus Transsylvanien. Sie waren früher vor allem durch Tierdressuren bekannt.
Die Luri (oder Ludi)
tragen noch heute den Namen des indischen Stammes, der von Firdusi genannt wird.
Die Tschurari
sind ehemalige Pferdehändler, die heute Handel mit Gebrauchtwagen treiben.
Die Turko-Amerikaner
sind eine besondere Gruppe, die aus der Türkei über die Vereinigten Staaten nach Europa gelangte.

Die Gitanos
leben in Spanien, Portugal, Nordafrika und Südfrankreich.

Die Manusch
auch Sinti genannt, leben in Mitteleuropa. Manusch heißt im Sanskrit der Mensch.
Die Sinti gliedern sich in folgende Gruppen:
Die Valsikanen
Sinti aus Frankreich, vorwiegend Marktfahrer und Zirkusleute.
Die Gaygikanen
Sinti in Deutschland.
Die Piemontesi
Sinti in Italien.

Der französische Graphiker Jacques Callot erstellte um 1621 eine Serie Radierungen zu dem Thema: „Die Zigeuner". Er verließ sein Elternhaus mit 12 Jahren und schloß sich einer Gruppe Roma an. Er wanderte mit ihnen nach Florenz und Rom, wo er von Kaufleuten aus seiner Heimatstadt Nancy erkannt und wieder nach Hause zurückgeschickt wurde.

1407 wurden die Sinti in Deutschland zum ersten Mal urkundlich erwähnt. Sie gaben sich als Pilger aus und wurden in den ersten 50 Jahren nicht feindlich behandelt. Man hinderte sie allerdings daran, seßhaft zu werden.

1497 Die Sinti wurden im Reichstag von Landau zu Verrätern erklärt, als angebliche Pestüberträger und Spione des Europa bedrohenden Türkenkrieges beschuldigt und des Landes verwiesen.

1498 Die Sinti wurden als Zauberer, Hexen, Gauner, Kindesentführer und Verräter verdächtigt. Durch ihre Kenntnisse in der Heilkunst, in den Heilkräutern und Elexieren sowie auch dadurch, daß viele Frauen ihren Lebensunterhalt mit Wahrsagen verdienten, wurde der Aberglaube der Bevölkerung genährt, die Sinti seien „Sendlinge des Teufels". Sie waren vogelfrei und konnten straflos gejagt und getötet werden.
Nur durch die Zersplitterung Deutschlands in einzelne Fürstentümer blieb die Ächtung ohne umfassende Wirkung. Andererseit hing das Leben der Sinti nun völlig von der Willkür des Feudalherren ab, auf dessen Boden sie sich befanden. Der Kurfürst von Mainz rühmte sich sogar, er habe alle männlichen Zigeuner der Gegend hinrichten und ihre Weiber und Kinder mit glühenden Eisen brandmarken lassen. 1724 wurden im Fürstentum Bayreuth fünfzehn Zigeunerfrauen im Alter von 15 bis 28 Jahren an einem einzigen Tag gehängt. Zu dieser Zeit war das Nomadisieren für die Sinti die einzige Möglichkeit zu überleben. Sie versteckten sich in den Wäldern, und – wenn die Not zu groß war – überfielen sie auch kleinere Ansiedlungen und Höfe oder stahlen Lebensmittel.

1700 Die Sinti wurden als Außenseiter der Gesellschaft geduldet. Wo immer sie auftauchten wurden sie weitergeschickt. Sie übernahmen Arbeiten, die ihnen auch bei kurzem Aufenthalt erlaubten, sich den Lebensunterhalt zu verdienen: Dächer abdecken, Löffel schnitzen, Scheren schleifen, Kessel flicken, Körbe flechten, musizieren.
Friedrich der Große versuchte, die Sinti einzugliedern und seßhaft zu machen. Er trennte die Kinder von den Eltern. Die Kinder wurden auf eine Schule nach Erfurt geschickt und zwangsweise von einheimischen Familien adoptiert, um sie der preußischen Lebensweise anzupassen. Der Gebrauch ihrer Sprache sollte verboten werden, ebenso sollte Heirat nur noch mit Genehmigung erfolgen. Weiterhin war vorgesehen, die Männer zum Militärdienst zu zwingen. Seine auf die physische und psychische Zerstörung der Sippen gerichteten Maßnahmen scheiterten an den Vorurteilen der Bevölkerung und an dem starken Zusammengehörigkeitsgefühl der Sinti-Sippen, die sich nicht auseinanderreißen ließen.

1900 Im 19. Jahrhundert waren die Sinti in Deutschland nicht mehr völlig rechtlos, aber weiterhin besonderen Schikanen ausgesetzt. Bei Rechtsfällen war die Stimmung immer gegen die Sinti, was eine echte Urteilsfindung verhinderte. In der Armee rangierten sie in den Bestandslisten noch hinter den Pferden.
Im Zuge der Romantik wurden die Sinti in Literatur und Bühne zu einem Klischeebild, das ihrem tatsächlichen Wesen ebenfalls nicht entsprach. Die allgemeine Situation der Sinti im 19. Jahrhundert kennzeichnet das Sintisprichwort: „Wenn es einem Sinto gut geht, geht es ihm immer noch schlechter als einem Gadscho, dem es schlecht geht".
Seit Beginn der Industrialisierung und Technisierung entstand für die Sinti ein neues Problem. Ihr Lebensraum und ihre Arbeitsbedingungen wurden immer stärker eingeschränkt. Wälder und unerschlossene Gebiete in Deutschland wurden immer kleiner. Die Sinti konnten der Gesellschaft nicht mehr ausweichen. Sie mußten lernen, als eigenständige Volksgruppe in ihr zu überleben.

Der holländische Fotograf Henri Berssenbrugge machte 1917 eine Fotoreportage über Roma in Tilburg.

V. b. b.
JAHRGANG VII NR. 26
20 Pf.
15 Kon.
Faschismus-Italien
A-I-Z
DIE ARBEITER-ILLUS ITUNG DER
Zigeuner
Seite 5

Die Zigeuner kommen, die Zigeuner sind da! Dieser Ruf ertönt immer seltener in den Dorfstraßen, denn die Zigeunerromantik mit dem Tanzbären stirbt aus.

Zigeuner

Von einem Arbeiterfotografen

Zigeunerkind bewacht im Wohnwagen das Feuer im Ofen.

Zigeunerlager. Die Wohnwagen werden im Freien aufgestellt, damit der Pferdestall, der aus alten Decken und Lampen zusammengestellt ist, besser vor Wind geschützt wird.

Abseits — am Rande des großen gesellschaftlichen Lebens, wandert das kleine Volk der Zigeuner die Landstraßen entlang. Ohne Heimat, ohne festen Standort, scheint das Leben dieser ruhelosen Nomaden seine Form aus dem Mittelalter in das Zeitalter des Kapitalismus hinüber gerettet zu haben. Die kleinen, altersschwachen Wohnwagen, die Kleidung mit ihrem überflüssigen Tand von bunten Tüchern, die tiefschwarzen Haare, die braune Hautfarbe — alles scheint noch wie vor hundert Jahren. Man täuscht sich! Die alles verschlingende Gier des Kapitalismus hat auch die Romantik des Zigeunerlebens gefressen. Noch mehr! Das Volk der Zigeuner ist zum Aussterben verurteilt. Was jahrhundertlanges Unterdrücken und Verfolgen nicht vermochten, ist heute ohne jede Staatsgewalt erreicht. Noch Maria Theresia verbot das Heiraten der Zigeuner untereinander und erwartete, daß damit die freiheitsliebenden Zigeuner in einer Generation vernichtet würden. Sogar die Zigeunersprache war bei 25 Stockhieben verboten.

Das Elend der Zigeuner von heute. Kinder in erbettelten Kleidungsstücken. Links der erste Junge trägt weiße Damenschuhe.

Preußen ging noch weiter. Friedrich Wilhelm I. verordnete: „Zigeuner über 18 Jahre sind ohne alle Gnade an den Galgen zu hängen". Massenhinrichtungen, Ausweisungen und alle Verordnungen haben nicht den Erfolg gehabt, wie die kalte Hinrichtung durch die kapitalistische Wirtschaft.

Die wirtschaftliche Grundlage der Zigeunertruppe waren früher die Waffenschmiede, Pferdehandel und Korbflechten. Die Maschine hat die ersten beiden Berufe völlig aufgesaugt. Das Korbflechten existiert nur noch als verkümmertes Ueberbleibsel. Die Zigeuner sind heute gezwungen, seßhaft zu werden und sich mit dem Proletariat zu vermischen oder als Pauper zu vegetieren mit Bettel als Erwerbsquelle. Der Nebenerwerb aus Wahrsagen und Naturheilkunde verschwindet immer mehr, je mehr die Arbeiterfrauen aufgeklärt, die Schrullen des Aberglaubens mit dem politischen Kampf ihrer Klasse vertauscht werden.

Bei der Feindschaft, die den Zigeunern, diesem wanderlustigen Volk, von allen Staatsleitern seit jeher entgegengebracht wurde, bei den Unterdrückungen und Verfolgungen, die sie zu erleiden hatten, weil sie sich als Nomadenvolk, dem das Umherschweifen im Blute liegt, der Bürokratie und dem Verwaltungsapparat nicht fügen wollten, ist es kein Wunder, daß sich die Zigeuner manchmal auf eigene Faust halfen und nicht zu den ihnen feindlichen Behörden liefen. Daraus entstand wohl ihr schlechter Ruf, Geschichten von Kindesraub und angeborener Neigung zum Diebstahl wurden erfunden. Man weiß heute, daß ihnen wohl in dieser Verallgemeinerung ein großes Unrecht getan wurde. Aber noch heute glaubt die Polizei an das Märchen von den kinderstehlenden Zigeunern — sie haben selbst genug Kinder und wissen nicht, wovon sie sie ernähren sollen — so daß, als vor einiger Zeit in Berlin ein Kind verschwand, der Polizeiapparat zu arbeiten begann und auch sämtliche Zigeuner Deutschlands an einem einzigen Tage daraufhin kontrolliert wurden, ob nicht das Kind bei ihnen sei. Natürlich war der ganze Aufwand an Depeschen, Funksprüchen und Landjägerpatrouillen vergeblich. Das Kind wurde nicht gefunden.

In Deutschland zählen die Zigeuner nur noch wenige Tausend, während vor fünfzig Jahren eine Schätzung von 50 000 nicht übertrieben war.

Durch die Entwicklung der Neuzeit aus den übrigen Handwerken wie Waffen- und Kesselschmiede verdrängt, bleibt die Flechterei als letzte kümmerliche Erwerbsquelle den Zigeunern.

Zigeunermutter mit ihren Kindern. Der Gesichtsschnitt der Frau erinnert frappant an den der Indianer, auch einem Volke, das die moderne Entwicklung zum Aussterben verurteilt.

5

Der Artikel über die Lebenschancen der Sinti in Deutschland stammt aus der Arbeiter-Illustrierten-Zeitung vom 27. 6. 1928

Der Arbeiterfotograf Ernst Thormann fotografierte 1929 einen Sintiplatz in Berlin. Die Reportage hatte den Titel: Die Zigeuner müssen weiterziehen.

1907 Die Ausgabe von Gewerbescheinen wurde von einem festen Wohnsitz abhängig gemacht. Bald darauf ließen sich viele Sinti-Familien in großen Städten wie Frankfurt, Hamburg und Berlin nieder, um weiterhin ihrem Handwerk nachgehen zu können.

1926 Der Staat versuchte, die Sinti-Sippen zu trennen. Die Erwachsenen wurden in Arbeitshäuser gesteckt, die Kinder und Jugendlichen in Fürsorgeheimen untergebracht. In Bayern wurde ein besonderes Polizeirecht zur Bekämpfung der Sinti geschaffen.

1935 Am 15. 9. 1935 wurden die Nürnberger Gesetze erlassen und aus „rassenhygienischen" Gründen auch auf Sinti angewandt. Juden und Sinti galten nicht mehr als Reichsbürger.

1936 Die „rassenhygienische Forschungsstelle" des Reichsgesundheitsamtes nahm in ihre Arbeit die „Erfassung und Untersuchung von Zigeunern" auf. Das Vorgehen der Nationalsozialisten wurde mit „kriminalpräventiven" oder „rassenhygienischen" Notwendigkeiten begründet. Schon lange vor dem Krieg hatte man anläßlich der Aktion gegen Asoziale damit begonnen, die Sinti in Konzentrationslagern zu internieren. Der Grunderlaß des Reichsführers der SS, Himmler, vom 14. 12. 1937 ermächtigte die Kriminalpolizei, „neben Berufsverbrechern auch alle asozialen, der Gemeinschaft schädlichen Elemente zu erfassen". Darunter fielen auch ausdrücklich „Zigeuner und nach Zigeunerart umherziehende Personen".

In seinem Erlaß vom 8. Dezember 1938 hat der Reichsführer SS und Chef der Deutschen Polizei im Reichsministerium des Innern die allgemeinen Richtlinien zur umfassenden Bekämpfung der Zigeuner im ganzen großdeutschen Reichsgebiet gegeben. Der Erlaß geht von den Erfahrungen und Erkenntnissen aus, die bisher bei der Bekämpfung der Zigeunerplage gewonnen wurden. Er will, und damit packt er das Übel an der Wurzel an, die Zigeunerfrage aus dem Wesen dieser Rasse heraus lösen.

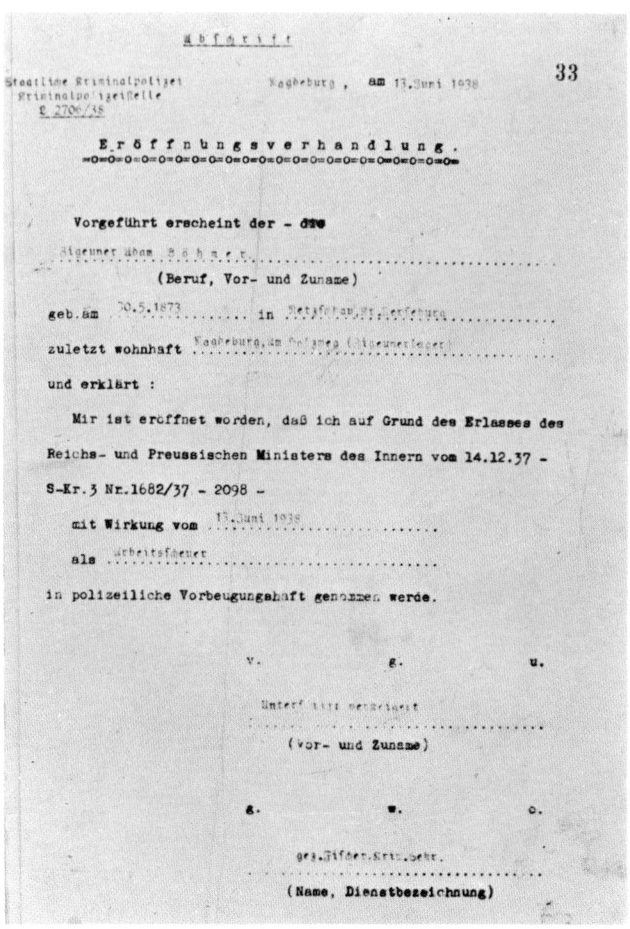

Abschrift einer Eröffnungsverhandlung, bei der ein Sinto aus „kriminalpräventiven Gründen" durch ein Nazigericht in Vorbeugehaft genommen wurde.

1939 Nach Kriegsausbruch befahl der Festsetzungserlaß vom 17. 9. 1939 die Erfassung und Zählung sämtlicher Sinti und deren Festnahme. Dieser Erlaß bildete die Grundlage für die Deportationen nach Polen.

1940 wurden diese Deportationen im großen Maßstab begonnen.

1942 traf Himmler mit dem Justizminister eine Übereinkunft über den Wegfall ordentlicher Strafverfahren gegen Sinti, Juden und Polen. Durch den Auschwitz-Erlaß vom 16. 12. 1942 und dessen Ausführungsbestimmungen vom 29. 1. 1943 wurden bis auf wenige Ausnahmen alle „Zigeuner" und „Zigeunermischlinge" verhaftet und nach Auschwitz deportiert. Den nicht ins Lager Gebrachten wurde

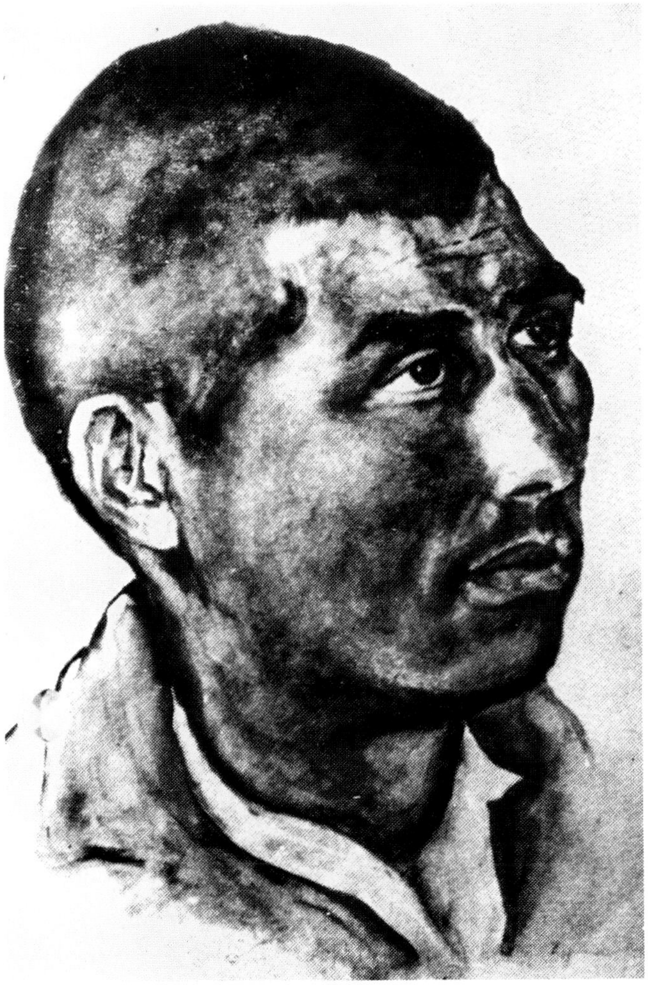

Häftlingszeichnungen von Sinti in Auschwitz. Autor unbekannt.

die Einwilligung zur Sterilisation abgenötigt. In drei großen Internierungswellen wurden die Sinti 1939, 1941 und 1945 in Konzentrationslager eingeliefert.
Aus Belgien, Holland und Teilen Rußlands wurden insgesamt etwa 1 Million Roma nach Auschwitz transportiert und dort zum überwiegenden Teil in Gaskammern ermordet, während namentlich auf der Krim die Roma sofort erschossen wurden. Spätestens im Mai 1942 genehmigte Hitler Humanversuche in den Konzentrationslagern. An Sinti wurden Hauttransplantationen, Amputationen und Gehirneingriffe vorgenommen, Medikamente erprobt und Hitze-, Kälte-, Hunger- und Dursttests vorgenommen.
Neben der direkten Ermordung wurden der von Himmler geforderte „Tod durch Arbeit" und die Sterilisation der Roma betrieben. Zwischen dem 31. 7. und 3. 8. 1944 vergaste man in einer großen Vernichtungsaktion auch sämtliche Romakinder des Lagers Auschwitz. Im Lager Buchenwald ließ man eine Gruppe von etwa 200 Roma bei 15 Grad Kälte nahezu unbekleidet 24 Stunden lang stramm stehen. Sie sind allesamt erfroren. Im KZ Kulmhof wurden mehrere 1000 Roma gleich nach ihrer Ankunft durch Maschinengewehrsalven erschossen. In Bergen-Belsen ermordete die Wachmannschaft noch am 1. April 1945 (!) kurzerhand 2000 Sinti. Und bei Ilse Koch, der Schrumpfköpfe und Lampenschirme aus Menschenhaut sammelnden KZ-Kommandantin, fanden sich zahlreiche Stücke „zigeunerischer Herkunft". Im KZ Ravensbrück sind u. a. alle Sintikinder noch am 5. 2. 1945 sterilisiert worden, sie waren höchstens 12 Jahre alt. Die Sterilisationsmaßnahmen betrafen auch die nicht in Lager verschleppten Sinti. Ein Sinto gibt an, daß von 128 vor dem Krieg in Stettin lebenden Sinti nur fünf Personen nicht sterilisiert worden sind.
Die Roma und Sinti, die den Konzentrationslagern und den Gaskammern entkamen, waren seelisch und körperlich krank bis zur Invalidität. Die Sippenverbände waren zerschlagen und das gut funktionierende Rechtswesen und der volkseigene Strafvollzug erschüttert.

Nach Dänemark geflohene Sinti. Die Gruppe wurde später nach Belgien und von dort nach Auschwitz deportiert.

Ein Sinto, der nicht genannt werden möchte:

Vor dem Krieg durften wir Sinti ja nichts erlernen, keinen Beruf. Als ich 14 war, hat man mich auf dem Arbeitsamt gefragt, woran ich Spaß hätte. Da habe ich gesagt: „Mein Vater, mein Großvater, die verstehen sehr viel von Geigenbau, ich möchte Geigenbauer werden". Da sagten die auf dem Arbeitsamt: „Da kannst du ja Holz unterscheiden". Da hat man mich in die Möbelfabrik gesteckt, da mußte ich Bretter schleppen. Ich durfte nichts lernen aufgrund meiner Abstammung, weil ich Sinto bin.

Mein Schwager ist zwei Monate später aus der Berufsschule geflogen, als rauskam, daß er Sinto war. Damit ist er im dritten Lehrjahr entlassen worden. Zigtausende von uns durften nicht zur Schule gehen. Bäckereien, in denen wir vorher unser Brot kauften, verkauften uns nichts mehr. „Zigeuner kein Brot, hier nicht", hat es geheißen. Wir durften auch keine Straßenbahn fahren. Eines morgens war in der Straßenbahn ein Schild, auf dem stand: „Für Juden und Zigeuner kein Zutritt". Ich kam zu spät zur Arbeit, weil ich zu Fuß laufen mußte, traute mich aber auf der Arbeitsstelle nicht zu sagen, warum ich zu spät kam. Da mußte ich ins Büro kommen. Da hat mir mein damaliger Chef Gesetze vorgelesen und gemeint, er brächte mich dann dahin, wo ich hingehöre. Ihr könnt euch vorstellen, in welcher Angst ich war. Wir waren immer in Angst. Wir wußten nachher, daß es ein KZ gab. Es hat sich aber keiner getraut, darüber zu sprechen. Wenn ein Kind darüber sprach, war es gleich weg. Man stand ewig mit einem Bein im Lager. Mein Vater kam dann auch weg.

Diese Sinti wurden im April 1940 vom Hohenasberg bei Stuttgart zur Verladung nach Polen abgeführt.

Frau Steinberger, Sintiza aus Düsseldorf:
Als wir in die Lager gebracht wurden, da haben die uns erzählt, wir kommen weg in ein anderes Land, das ist extra für euch. Ihr könnt da bauen, eigene Häuser habt ihr, und ihr könnt das Land bewirtschaften und alles machen, was ihr begehrt. Dann sind wir von Deutschland da rüber. Unser Transport wurde nach Auschwitz bis ins Vernichtungslager gebracht – aber die vielen Menschen, die in den Waggons starben. Wir wurden ausgehungert. Kein Wasser, kein Klo, gar nichts. Die alten Leute haben keine Luft mehr gekriegt. Als wir nach Warschau kamen, wurde der Zug auf ein Abstellgleis gestellt. Da haben sie dann die Toten herausgeholt.
In den Lagern sind die Menschen halb totgeschlagen worden von der SS, wenn sie nicht gearbeitet haben. Wir mußten damals Schützengräben machen. Da sind viele so geschlagen worden, bis sie nicht mehr konnten. Nachher haben sie ein Massengrab gemacht, so ein ganz großes Loch wie ein Bombentrichter. Da sind sie dann reingeschmissen worden. Manchmal waren die noch halb am Leben. Sie wurden reingeschmissen, zugedeckt. So sind da Tausende, Tausende, Juden und Sinti umgebracht worden.

Der deutsche Maler und Grafiker Otto Pankok arbeitete und lebte mit den Sinti in Düsseldorf zusammen. Er hat versucht, ihr Lebensumfeld realistisch darzustellen. Nach dem Krieg traf er die Überlebenden wieder. In den Bildern „Das Mädchen Blume“ (1947) und „Trina“ (1948) spiegelt sich der Schrecken der Konzentratioslager.

Diese Romagruppe aus Litauen wurde 1979 von der sowjetischen Fotografin L. Kuznetsova aufgenommen.

Leben im Getto oder die Freiheit obdachlos zu sein

Sinti in Gelsenkirchen

Die Freiheit der Sinti endet dort, wo die Obdachlosenquartiere beginnen, die sozialen Gefängnisse der Bundesrepublik.

Die Vergangenheitsbewältigung an uns nach dem Krieg sah so aus, daß wir immer noch außerhalb der Gesellschaft leben, dort, wo Kläranlagen, Müllhalden und Autobahnkreuze sind.
Wenn man aus dieser Gettosituation nach Arbeit sucht, aufs Arbeitsamt geht, mit dem Stempel des Wohnsitzes ist man auf dem Arbeitsamt nicht vermittelbar, d. h. kein Arbeitgeber ist bereit, einem Zigeuner Arbeit zu geben. Durch den Wohnsitz hat er gleich den Stempel asozial, arbeitsscheu und kriminell.
Die Berufe, die wir Sinti noch ausüben können, sind nur selbständige Berufe, d. h. Kaufleute, Musiker, Antiquitätenhändler. Wer das nicht kann, der lebt von der Sozialhilfe.
Die Sozialhilfe in unserem Staat ist auch kein Honigschlecken, sie langt nicht zum Sterben und auch nicht zum richtigen Leben. Man muß sagen, daß über 30 % unseres Volkes in diesem Land mit sozialer Benachteiligung leben müssen, in Wohnungen, die menschenunwürdig sind. Daß sie einmal im Jahr ihren Wohnanhänger nehmen, diese Elendssituation verlassen wollen, wird ihnen dann verwehrt, weil sie keine Möglichkeit haben, einen Platz zu finden, auf dem sie sich von dem Getto, dem Schmutz, in den man sie hineingepreßt hat, erholen können.

Romani Rose

Die Obdachlosensiedlung Katernberger Straße und Zollvereinstraße besteht seit ungefähr 30 Jahren. Zuerst standen hier einfache Baracken, die nach und nach durch zwei- bis dreigeschossige Primitivbauten der Billigbauweise ersetzt wurden. Die Wohnungen sind ohne Bad mit dünnen Wänden. Feuchtigkeit und Nässe kommen in die Räume, die im Winter nur sehr schwer warm und trocken zu halten sind. Gemeinschaftsduschen wurden zum Teil nachträglich eingebaut. Die letzten dreigeschossigen Häuser wurden 1963 in der Zollvereinstraße errichtet. In der Siedlung leben etwa 30 Sintifamilien mit etwa 200 Personen, im Winter sind es doppelt so viele. Durch die Eingliederung in das Obdachlosenasyl unterliegen sie den gleichen unmenschlichen Bedingungen, wie alle hierhin abgeschobenen Menschen.
Die Sinti werden hier ohne Ansehen der einzelnen familiären, finanziellen und sozialen Lage eingewiesen, weil sie Sinti sind. Sie müssen hier zusammen wohnen mit den aus unterschiedlichen Gründen sozial geschädigten und ausgestoßenen deutschen Familien und von der Arbeitswelt zerstörten Einzelpersonen, die ihrerseits den Kontakt mit den Sinti meiden und fürchten. Beziehungen kommen nicht oder nur in aggressiver Art zustande.
Die hier leben, verlieren bald die Fähigkeit, sich aus dieser Lage herauszukämpfen. Dies führt zuletzt dazu, daß sie sich selbst aufgeben. Der Kreis ist geschlossen, die Isolation wird perfekt.
Es ist sicher notwendig, den Sinti zu ermöglichen, aus den Obdachlosenquartieren in angemessene Wohnungen zu ziehen. Ein solcher Ansatz wird aber zur Verhöhnung von Menschen in einer Zwangslage, wenn von vorneherein feststeht, daß die Stadt Gelsenkirchen keinen geeigneten Wohnraum zur Verfügung stellen will und zugleich durch Sonderverfügungen die an sich schon sehr erschwerte Wohnungssuche der Sinti in den Bereich kriminalpolitischer Maßnahmen rückt. Hier wirken Rassengesetze und Landfahrerverordnung der Nationalsozialisten unverkennbar nach. Es soll „kein Anreiz" für die Sinti geschaffen werden, sich in Gelsenkirchen überhaupt anzusiedeln, eben darum, weil sie Sinti sind.

Wenn man diese Bilder sieht, dann sieht man ja auch, was los ist. Wenn wir in Gelsenkirchen eine Wohnung suchen, dann werden wir immer abgewiesen. Wenn wir eine Privatwohnung haben wollen, dann schreien die Leute gleich, nee, nee, nee, Zigeuner wollen wir nicht haben.

Die Lage der Sintifamilien in der Katernberger Straße kennzeichnet ein starker Zusammenhalt. Die Kinder werden sorgfältig betreut. Eine Erziehung durch Schläge und Härte ist unbekannt. Wir haben keine weinenden Kinder gesehen, sie werden sofort getröstet. Trotz der aussichtslosen Lebenslage auf Reisen und im Obdachlosenquartier vermittelt die Familie den Kindern Schutz und Geborgenheit. In der Pflege der Wohnung, der Kleidung und der allgemeinen Hygiene sind die Sinti aufgrund ihrer Gesetze und ihrer Tradition außerordentlich gewissenhaft.
Man kann den Sinti, die ein sensibles Volk sind mit einem ausgeprägten Sinn für die Schönheit der Landschaft und für das Erlebnis des freien Reisens und des liebevollen Umgangs miteinander, kaum etwas Brutaleres antun, als sie in ein Obdachlosengetto am Rand der Kohlenhalden zu sperren. Nur die ungewöhnliche Lebenskraft und die jahrhundertealte Erfahrung im Umgang mit der Unterdrückung machten es möglich, daß sie bisher nicht vollständig aufgerieben und entnervt wurden.

Durch ein fragwürdiges „Zigeunerpapier", das in Zusammenarbeit von Ordnungsamt, Einwohnermeldeamt und Sozialamt der Stadt Gelsenkirchen erstellt wurde, versuchte man, das „Zigeunerproblem" in den Griff zu bekommen.
Auszug aus dem offiziellen Strategiepapier der Stadtverwaltung Gelsenkirchen:

Verfahren bei der Anmeldung zuziehender Zigeuner.
Der Zuzug weiterer Zigeuner muß verhindert werden. Beim Stadtamt 33/2 – Amt für Statistik und Einwohnermeldewesen – Meldeabteilung – wird für die Anmeldung von Zigeunern die Zuständigkeit einer zentralen Stelle begründet. Wenn Zigeuner dort vorsprechen, um sich anzumelden, wird in jedem Fall die schriftliche Zustimmung des Hauseigentümers gefordert. Wird diese Zustimmung nicht beigebracht, so kann zwar die Anmeldung nach den melderechtlichen Bestimmungen nicht verweigert werden, jedoch erfolgt die Anmeldung für Gelsenkirchen „ohne festen Wohnsitz" mit einer gleichlautenden Eintragung in den Personalausweis. Wird eine Anmeldung in eine stadteigene Obdachlosenunterkunft gewünscht, wird sofort die Abteilung Obdachlosenwesen des Sozialamtes unterrichtet. Von dort aus wird festgestellt, ob sich die Zigeuner tatsächlich und unberechtigt unter der angegebenen Anschrift aufhalten. Über die in Gelsenkirchen „ohne festen Wohnsitz" gemeldeten Zigeuner erhält die Kriminalpolizei zum Zwecke der Überprüfung der Personalpapiere Mitteilung. Die Gelsenkirchener Gemeinnützige Wohnungsbaugesellschaft mbH. und StA. 23 – Liegenschaftsamt –, die im Nahbereich des sozialen Brennpunktes Mietwohnungen haben, sind aufgefordert, in diesen Häusern ebenfalls keine Wohnungen an Zigeunerfamilien mehr zu vermieten und darüber hinaus auch die Zustimmung zur Anmeldung neu zuziehender Zigeuner zu vermeiden. Auch sollten Überprüfungen stattfinden, ob nichtgenehmigte Untermieterverhältnisse vorliegen, die Handhabe für Kündigung des Mietverhältnisses bieten. Die möglichen Maßnahmen sind zu veranlassen.
Gewährung von Sozialhilfe an Zigeuner.
Die Fälle von Sozialhilfegewährung an Zigeuner werden sorgfältig geprüft, insbesondere hinsichtlich des wirtschaftlichen Zusammenlebens, der Unterhaltsleistungen und des Einsatzes von ggfs. vorhandenem Vermögen (z. B. Auto). Die Leistungen werden nicht monatlich im voraus gewährt, sondern nur tageweise.
Alle Zigeuner, die beim Sozialamt bzw. beim Ordnungsamt – Abt. Straßenverkehr – als Antragsteller erscheinen und deren Identität zweifelhaft ist, werden zunächst an die Kriminalpolizei verwiesen, wo sie durch die mit dem Milieu vertrauten Herren KHK Tiefenbach oder KHM Petershöfer einer Personenkontrolle unterzogen werden.
Die Bewohner des sozialen Brennpunktes sind aufgefordert, bei Vorkommnissen mit Zigeunerbeteiligung unverzüglich die Polizei zu benachrichtigen. Zukünftig werden in diesem Bereich verstärkt Zivilstreifen eingesetzt. Bei Hinweisen gegen Zigeuner wird von der Polizei auf Wunsch Vertraulichkeit zugesichert.

Auszug aus den Anmerkungen zu dem Arbeitspapier der Stadt Gelsenkirchen:

Die Zigeuner dort sind deutsche Staatsbürger und genießen, wie alle Deutschen, das Grundrecht der Freizügigkeit und der freien Wahl des Wohnortes. Verfassungsrechtliche Bedenken stehen dieser Konzeption entgegen, sind allerdings dem Verfasser des Papiers nicht aufgegangen.
Die vorgesehenen Maßnahmen widersprechen, weil sie auf die Zigeuner zielen und diese als Gruppe (Minderheit) begreifen, allen einschlägigen Bestimmungen, nämlich: Grundgesetz, Menschenrechtskonvention und UNO-Charta, denn sie stellen eindeutig eine Diskriminierung der Zigeuner dar. Die Diskriminierung ist in folgenden beabsichtigten Maßnahmen zu sehen:
Unverzügliche Entfernung aus der Unterkunft, wenn sich Zigeuner unberechtigt in Obdachlosenunterkünften aufhalten.
Zentrale Erfassung bei Anmeldungen von Zigeunern zur Verhinderung weiteren Zuzuges;
Eintragung in den Personalausweis „ohne festen Wohnsitz" bei Anmeldung ohne schriftliche Zustimmung des Hauseigentümers und Erfassung dieser Zigeuner durch die Kriminalpolizei.
Hier werden in verfassungswidriger Weise Zuständigkeiten geschaffen, die nicht mit dem Gesetz übereinstimmen, nämlich klare Trennung der Aufgabenbereiche von Polizei- und Ordnungsbehörden.
Die Aufforderung an die Gelsenkirchener gemeinnützige Wohnungsbaugesellschaft mbH. und das Liegenschaftsamt, keine Wohnungen an Zigeunerfamilien zu vermieten und die Zustimmung zur Anmeldung zu verweigern, ist schlicht ungesetzlich. Hier liegt geradezu eine „Anstiftung" (im untechnischen Sinn) zu gesetzwidrigem Handeln vor. Gesetzwidrig ist auch die Anordnung, Sozialhilfe nur tageweise auszubezahlen. Da auch diese Maßnahme allein auf die Zigeuner zielt, stellt sie ebenfalls eine Diskriminierung dar und verstößt gegen den Gleichheitsgrundsatz der Verfassung.
Die Auslassungen über die abgestellten Wohnwagen lassen deutlich erkennen, daß nicht etwa eine unerträgliche Störung beseitigt werden soll, sondern die Zigeuner durch gezielte Schikanen vertrieben werden sollen, weil einerseits erkannt ist, daß der Besitz von Wohnwagen für die Zigeuner lebensnotwendig ist und andererseits eben dieser Umstand zur Vertreibung der Zigeuner benutzt werden soll.
Das, was über die Zusammenarbeit mit der Polizei vorgeschlagen wird, übertrifft alles, was bisher auf diesem Gebiet bei uns in der Bundesrepublik Deutschland bekannt geworden ist. Die Betrauung der Kriminalpolizei mit ordnungsbehördlichen Aufgaben ist ohnehin gesetzwidrig. Hier besteht jedoch die Absicht, durch Einschaltung der Kriminalpolizei strafrechtliche Mittel einzuzetzen, um das, wie oben dargetan, nicht konkret beschriebene Problem zu lösen.

Köln, den 15. Januar 1979
gez. Paul Jochum
Rechtsanwalt

Die Sinti aus der Siedlung waren über das Strategiepapier empört. Einige fühlten sich an die Verfolgungen des Dritten Reiches erinnert. Von den älteren Sinti schlossen sich viele aus Angst in ihre Zimmer und Wohnwagen ein.

60 – 80 % der Jugendlichen haben keinen Hauptschulabschluß, 30 – 60 % besuchen die Sonderschule. Die Chancen für sie, eine Lehrstelle zu bekommen, sind gleich Null. In den letzten zwei Jahren ist es nur einem einzigen gelungen, eine Lehre anzufangen.

Für die Jugendarbeit bei den Sinti ist ein Sozialarbeiter der Caritas zuständig. Die Jugendlichen haben keine eigenen Räume zur Verfügung. Im JKS, dem Jugendzentrum Katernberger Straße, sind die Sinti nicht erwünscht. Es gibt so viele Spannungen zwischen den „Weißen" und den Sinti, daß sich die Sozialarbeiter überfordert fühlen.
Die Sintijugendlichen fordern daher ein eigenes Jugendzentrum. Der Sozialarbeiter kann es ihnen nicht einrichten, da die Verwaltung dazu die Genehmigung verweigerte.

Die Arbeit mit den Sintijugendlichen sieht folgendermaßen aus: In der Schularbeitenbetreuung der Arbeiterwohlfahrt wird nur gebastelt. Die Caritas bietet als Freizeitprogramm einmal im Monat Schlittschuhlaufen an und einmal wöchentlich Handarbeiten für die Mädchen. Das einzige Angebot der Kirche sind Bibelstunden für Kinder.

Die Schwierigkeiten verfolgen uns überall hin

Ich habe eine Truppe mit dem und dem Programm – Messerwerfer, Weltrekordler und ein Feuerspeier, der acht Meter weit seine Flammen spuckt. Ich habe eine Nostalgie-Schau. Mein Programm ist in dem Sinne, wie es früher auch war – Mädchen ohne Unterleib, Menschen mit Löwenkopf und solche Sachen bringen wir. Der Feuerschlucker, der ist ja traditionell, den hat es schon im Mittelalter gegeben.
Meine Vorfahren waren ja auch schon Artisten. Mein Großvater hatte eine Tierschau mit 105 Affen und anderen Tieren. Mein Vater reist noch heute als Hell-Driver.
Artistenleben ist ein schönes Leben! Ein freies Leben! Da gibt es zwar keinen Samstag, Sonntag und keine Feiertage – wir arbeiten rund um die Uhr.
Jetzt wohne ich hier bei den Zigeunern, bin ja auch selbst Zigeuner. Aber seitdem ich in der Obdachlosensiedlung wohne, habe ich immer größere Schwierigkeiten bekommen, Plätze zu kriegen. Zuletzt habe ich von 400 Bewerbungen genau drei Zusagen gekriegt. Obwohl ich die beste Schaubude habe. Mein letzter Auftritt war in Lübbecke, wo ich für eine andere Bude einspringen mußte. Obwohl es in Strömen regnete, sind die Leute begeistert gewesen. Ich möchte am liebsten wieder anfangen! Nächstes Jahr will ich es noch einmal versuchen mit den Anträgen. Wenn ich keine Genehmigung mehr kriege, dann sieht es traurig aus, dann muß ich weiter Würstchen verkaufen.

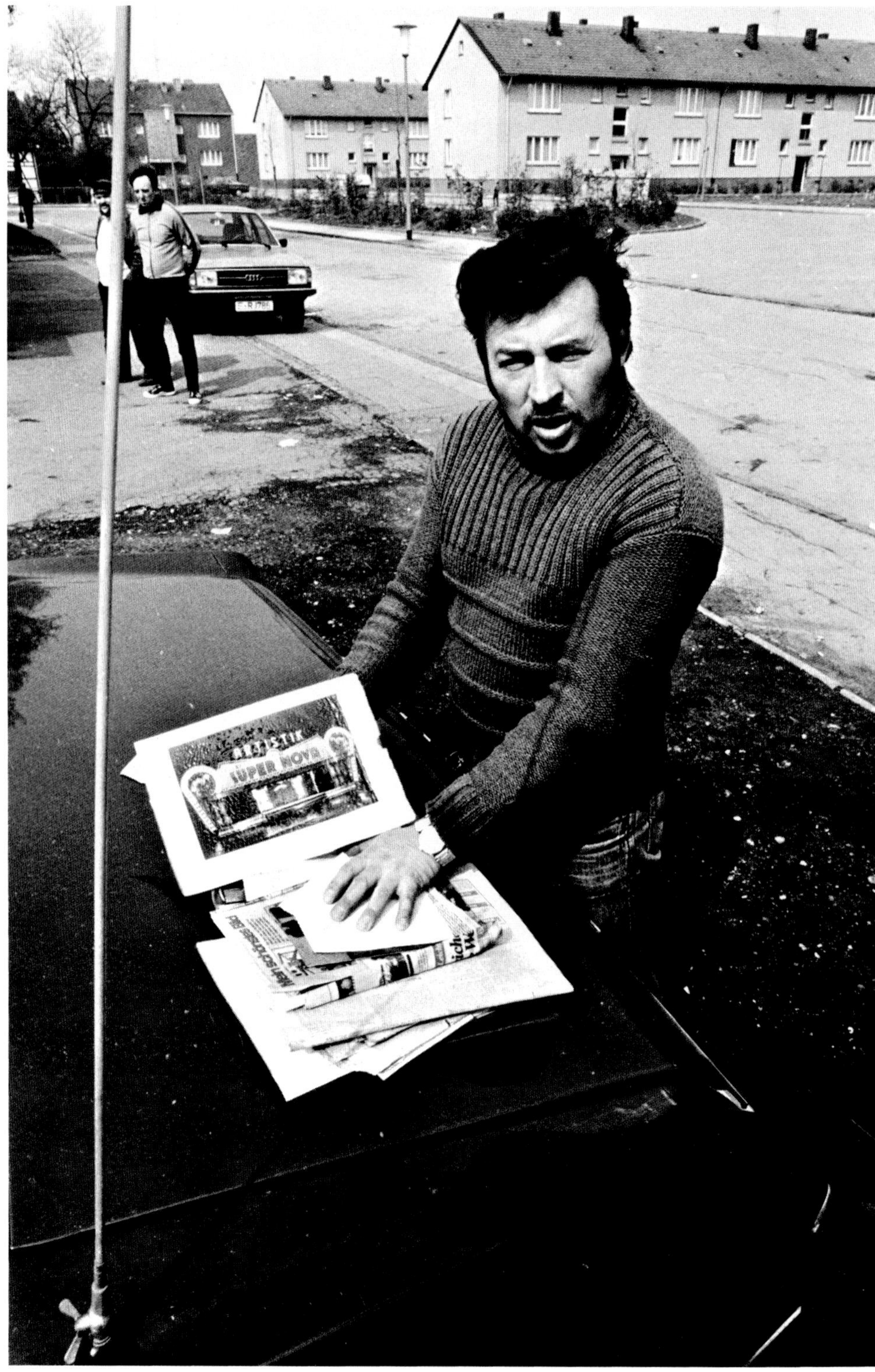

Herr Drescher betreibt mit seiner Frau einen Schnellimbiß in der Siedlung. Früher konnte er im Sommer ganz gut von seiner Schaubude leben, und im Winter suchte er Jobs. Er wohnt seit über 10 Jahren hier und will auch nicht wegziehen.

Herr Waldschmidt, ein Nachbar, fährt noch immer mit dem Wohnwagen und handelt mit Textilien. Er hat schon seit drei Jahren seine Stammkundschaft – kleine Geschäfte und Privatleute. Viele seiner Kunden wissen, woher er kommt, und daß er Zigeuner ist. Andere wiederum dürften es nicht erfahren.

Ich bin '38 hier geboren, und ich war gerade während des Krieges in Dresden – in den ersten Schuljahren. Uns haben sie aus der Schule entfernt, weil wir ja „Nichtdeutsche" waren. Ich hätte nach dem Krieg noch in die Schule gehen können, aber wir waren seelisch total fertig. Uns haben die Deutschen ja aus dem Keller rausgetrieben. Wir haben beim großen Angriff auf Dresden als Kinder unter dem Wagen gelegen, da sind Bombensplitter durch die Wagen geflogen. Das haben wir alles miterlebt. Wir haben ja kein Essen und nichts gehabt. Wir haben praktisch von Abfällen gelebt. Mein Opa, der war Bezirkskammerjäger und hat uns, die Kinder geholt, als meine Eltern ins KZ kamen. Er hat einen Wohnwagen gehabt mit einer Spanischen Wand und wenn jemand kam, dann mußten wir Kinder uns dahinter verstecken, sogar noch, als der Krieg schon aus war. Meine Eltern waren in Auschwitz, Bergen-Belsen, Sachsenhausen, Mauthausen und Buchenwald. Sie sind alle wieder rausgekommen nach ca. 5 Jahren. Das mit der Entschädigung hat die Behörde dann rausgezögert. Es wurde monatlich gezahlt. Dann hat es geheißen, sie bekommen Sozialhilfe. Wenn sie danach mal eine Nachzahlung bekommen haben, dann hat das Sozialamt das Geld sofort wieder abgezogen. Das ist doch ungerecht! Ich kenne welche, die bekommen nur DM 296,– Rente. Davon kann man doch nicht leben.
Die Schwierigkeiten, die man als Sinti bekommt, verfolgen uns überall hin. Da wird z. B. auf Ämtern gesagt: „Sie haben deutsche Papiere, Sie sind doch gar kein Deutscher". Sie, ich habe schon Sachen erlebt. In Bayern, das hieß Rothenburg ob der Tauber, da hätte ich geklaut. Sieben Zentner Fleisch und mindestens zwei Zentner Brühwürste. Da mußte ich hier zur Kriminalpolizei. Da habe ich gesagt: „Wie kommen Sie darauf, daß ich das war?" Und nachher hat sich herausgestellt, vielleicht nach vier Monaten, ja, daß es der eigene Nachbar genommen hat – der Sohn, und der hat es verscheuert. Danach wurde das Verfahren eingestellt. Aber es blieb doch hängen.

Ich gehe in die 2. Klasse. Wir lernen da Rechnen, Schreiben und Lesen. Schreiben kann ich noch nicht, lesen auch nicht, aber ich kann gut rechnen. Und wenn die so weitermachen, dann gehe ich sowieso nicht mehr in die Schule. Denn wenn man da in der Schule ist, dann rufen sie uns „dreckige Zigeuner", und dann schreiben sie in der Zeitung schlecht über uns. Und manche sagen über uns, daß wir klauen, und dabei klauen sie. Und jedesmal muß meine Mutter mir neue Sachen kaufen, Buntstifte, Hefte.
Und nachmittags können wir hier gar nichts machen, da laufen wir nur hier rum. Wir würden hier gerne Häuser aufbauen wie im Revierpark. Mit Brettern und Nägeln. Wir gehen zum Spielen meistens in den Revierpark, da ist eine Rutschbahn und alles. Da gehen wir immer sonntags hin, ungefähr 2 oder 3 km da hinten runter. Da vorne in dem Sumpf, da ist einer ersoffen, da ist einer reingefallen.

36

PILOT

Hier wurde uns alles abgeschlagen

Mein Name ist Franz Poser. Mit dem Sintinamen Stallermann. Ich war vier Jahre im Konzentrationslager Auschwitz. Es war ja sehr schlimm damals mit der Rassenverfolgung. So schlimm ist es jetzt nicht mehr. Wir sind ja froh, daß das aufgehört hat. Wir möchten nicht noch einmal in ein Konzentrationslager hinein. Wenn das so wäre, dann würden wir Zigeuner uns erschießen, gegenseitig.
Hier in Gelsenkirchen wurde uns alles abgeschlagen. Wir sind hier in ein Obdachlosengetto gepackt, wo wir noch dankbar sein müssen. Wir sind jetzt hier schon 23 Jahre, und wir haben noch keine Verbesserung gekriegt.

Herr und Frau Poser wurden im Dritten Reich nach Auschwitz deportiert. Die meisten ihrer Familienangehörigen sind dort ermordet worden. Frau Poser hat noch heute unter den Auswirkungen aus der NS-Zeit zu leiden.

Das Bad befindet sich im Keller, allerdings ohne Heizung, Licht und Wasserhähne. Falls es zu benutzen wäre, müßte es noch zwischen drei weiteren Familien, insgesamt 30 Personen, die zur Zeit ebenfalls ohne Bad auskommen müssen, geteilt werden. Für Familie Poser bedeutet das, daß sie sich in der Küche in einer Zinkwanne waschen müssen. Die Einrichtung eines Bades in der Wohnung würde die Stadt DM 2.000,- kosten. Die Familie Poser kann sich das nicht leisten, da die Eltern durch Schäden der KZ-Haft arbeitsunfähig sind und nur eine geringe Rente beziehen.

Ich habe 10 Kinder. Die gehen hier in die Schule. Ich schicke sie auch gerne hin, damit sie was lernen. Aber im Sommer sind wir auf Reisen, da nehme ich meine Kinder mit. Wir waren ja Artistenleute, die reisen. Dann sind wir irgendwo 14 Tage, und dann gehen die Kinder da zur Schule. Das kriegen sie in eine Bescheinigung eingestempelt, daß sie überall waren. Und das müssen sie dann in der Schule vorzeigen.
Wenn meine Kinder älter werden, dann sollen sie auch was lernen. Ich habe zwei Söhne, die haben deutsche Frauen hier. Und ich bin auch damit einverstanden, aber die reisen nicht mehr, die bleiben hier.

Der älteste Sohn der Familie Poser hat eine Gadsche geheiratet. Die Eltern der Frau haben sich von ihrer Tochter losgesagt, seit sie wissen, daß sie mit einem „Zigeuner“ geht.
Das junge Paar möchte sich eine gemeinsame Existenz aufbauen. Sie suchen Arbeit und eine Wohnung. Das ist schwer. Viele Sinti geben sich als Italiener oder Türken aus, weil es für „Zigeuner“ immer noch fast unmöglich ist, auf dem „freien“ Wohnungsmarkt mit korrekten Angaben zu einem Mietvertrag zu kommen. Bei der Arbeitssuche ist es nicht anders.

Mein Vater ist umgekommen in Auschwitz, umgebracht worden. Wir haben arbeiten müssen, sind gequält worden, hatten Hunger. Juden und Zigeuner und alle haben zusammen gearbeitet. Wir mußten arbeiten, Tag und Nacht. In Auschwitz gab es eigentlich keine richtige Arbeit. Da haben wir Steine getragen zum Bahnhof. Und vom Bahnhof wieder zurück ins Lager. Und vom Lager wieder zum Bahnhof.
Nach dem Krieg bin ich weggelaufen. In meine Heimat Wittenberg. Ich habe nach meinem Vater und meinem Bruder gefragt, aber sie sind umgekommen im Lager. Mein Mann war in Dachau.
Nach dem Krieg sind wir erst in die Tschechoslowakei gegangen. Dann hat mein Mann Nachricht bekommen, daß sein Vater noch lebt. Dann sind wir zurück nach Deutschland gegangen. Und dann sind wir nach Gelsenkirchen gekommen. Wir sind jetzt 21 Jahre hier.

39
JKS

Hochspannung

Ein Fest in der Siedlung

Frau Clair hat Geburtstag

Die Familie Clair hat viele Verwandte und Freunde eingeladen – uns auch. In zwei angrenzenden Wohnungen wird gefeiert. Die Männer bleiben zunächst unter sich. Frauen und Kinder unterhalten sich in einem eigenen Raum. Bei Musik und Tanz kommen alle zusammen.

Wir leben seit Jahrhunderten in Großfamilien. Das ist ein Stück unserer Kultur. Antiautoritäre Erziehung, Erziehung ohne Schläge praktizieren wir schon immer. Wir erziehen unsere Kinder durch Vorbild. Wichtig an der Erziehung ist der Respekt vor dem Alter, den lernen sie. Darauf basiert ihr ganzes Leben. Ich bin kein Psychologe, aber das wichtigste für ein Kind sind die ersten fünf Jahre. Deshalb stecken wir unsere Kinder auch nicht in den Kindergarten. Sie brauchen ihre Nestwärme, ihre Eltern.

Wenn du mich nach Sachen fragst, die diese Gesellschaft nicht mehr hat: Großfamilie, Liebe zueinander, Gespräche untereinander, das wird bei uns noch gepflegt.
Die Sinti sollen immer zusammenhalten, und die Sprache soll nie zu Ende gehen. In zehn Jahren spricht vielleicht niemand mehr romanes, weil es keine Sinti mehr gibt. Es gibt heute schon Sinti, die sprechen nur deutsch, um nicht erkannt zu werden. Ich könnte mich totärgern, wenn ein Sinti mit mir deutsch spricht. Wir sprechen nur romanes.
Zu unserer Kultur gehört auch die Gastfreundschaft. Wir bewirten unsere Leute selbstverständlich, deshalb ist es beleidigend, wenn sich ein Gast übertrieben bedankt.

Besonders die alten Leute gehören dazu. Ihnen wird großer Respekt entgegengebracht. Durch die Mißhandlungen im KZ körperlich und seelisch schwer geschädigt, lebt die Großmutter in der Familie. Altersheime lehnen die Sinti ab. In Krankenhäusern und Nervenkliniken lassen sie sich nur vorübergehend behandeln und verlassen sie oft auf eigene Verantwortung früher als üblich.
Die Musik der Sinti weckt Erinnerungen bei der alten Frau. Sie ist zu Hause – und bei sich.

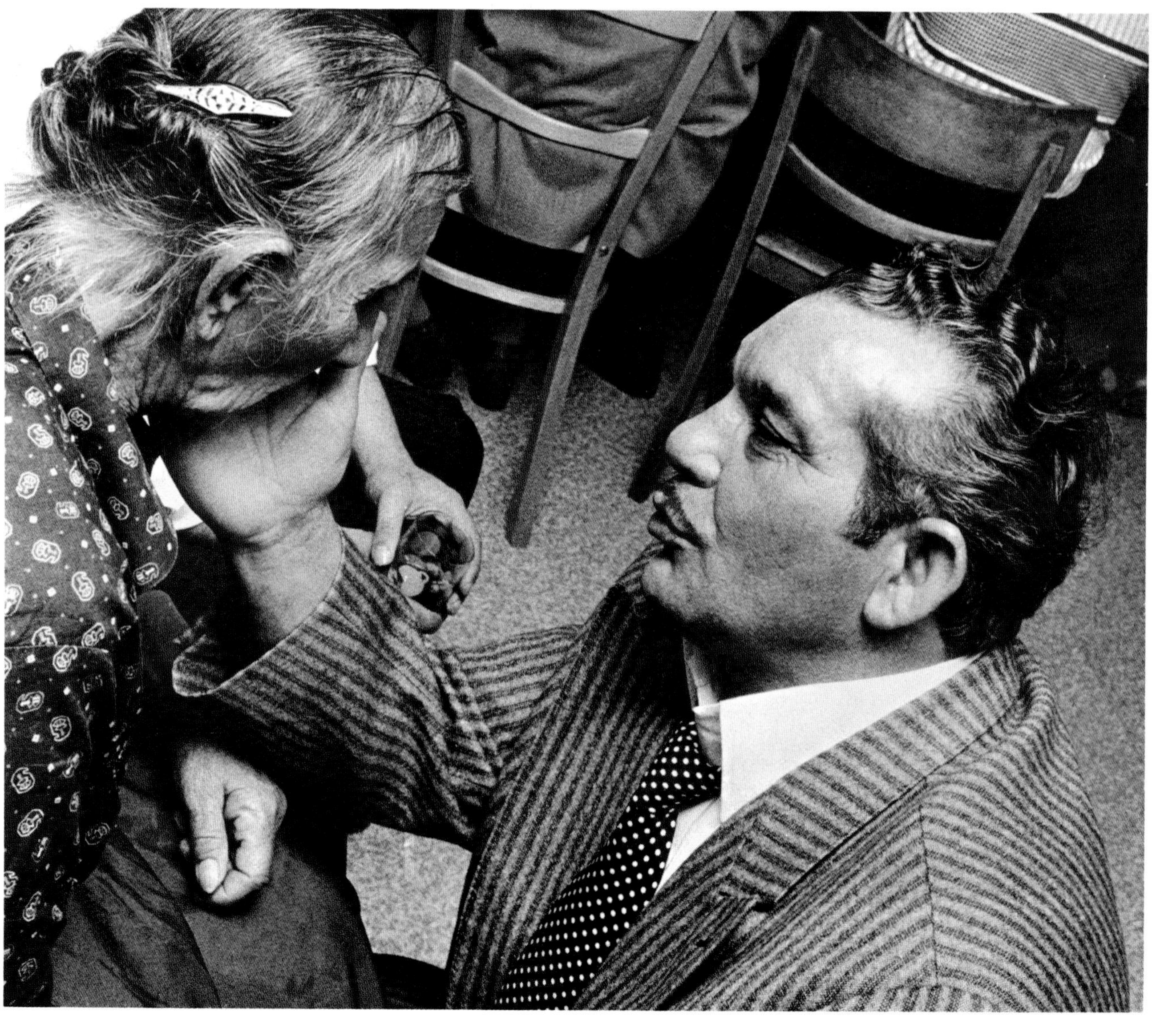

Ich will eigentlich nur eine vernünftige Wohnung haben

Durch die Kündigung habe ich die Gelegenheit, hier rauszukommen, und ich will eigentlich nur eine vernünftige Wohnung haben, wo ich meine Kinder baden kann, und wo ich die Toilette in der Wohnung habe. Jetzt habe ich sie draußen auf dem Flur. Ich möchte mal aufatmen und sagen: Ich habe es schön.
Ich will raus aus der Siedlung schon wegen der Kinder, damit die Kinder anders werden. Wie sollen sie denn hier was lernen? Ich habe zu kämpfen, daß die Kinder zur Schule gehen, wegen des Umgangs hier. Hier in der Ecke können die Kinder doch nichts lernen.
Sehen Sie, die können noch nicht mal richtig lesen und schreiben, obwohl sie schon jahrelang zur Schule gehen! Wenn ich nicht lesen und schreiben kann – wer soll dann den Kindern helfen? Die Lehrer lassen die Kinder nur basteln und basteln, das ist doch keine Schule.
Als mein Mann noch gelebt hat, sind wir jedes Jahr rausgefahren. Das erste Jahr ohne meinen Mann war schwer. Wir haben über 14 Jahre Gewerbe betrieben, mit Kurzwaren und Textilien. Wir waren ja früher selbständig und hatten zwei kleine Kinder; dann haben wir uns das geteilt – vormittags bin ich gegangen, nachmittags ist er gegangen, bis es nicht mehr ging, da waren zuviel kleine Kinder da!
Heute ist es viel schwerer als früher: Die großen Kaufhäuser mit ihrem großen Angebot. Ich würde das jetzt nicht mehr machen, Gewerbe betreiben. Das lohnt sich nicht mehr. Wer kauft Ihnen denn heute noch was an der Tür ab?
Ich bin froh, wenn der Monat rum ist, wenn die Kinder Kartoffeln und eine Schnitte Brot auf dem Tisch haben.

Frau Laubinger hat eine Räumungsklage bekommen. Das Haus wurde verkauft und der neue Besitzer will selber in ihre Wohnung einziehen. Die Familie wohnt mit 12 Personen in 4 Räumen. Eine neue Wohnung konnte sie bisher nicht finden, wegen der Kinder.

Ich möchte auch mal glücklich sein

Das Haus, in dem die Familie Böhmer wohnt, ist eines der wenigen nur von Sinti bewohnten Privathäuser in der Siedlung.

Sylvia Schmidt ist die älteste Tochter. Ihren Eltern hat sie es zu verdanken, daß sie hier mit ihrem Mann, einem Gadscho, einziehen konnte. Ihre vorherige Wohnung in einem Hochhaus in Dortmund mußten sie verlassen, als bekannt wurde, daß Frau Schmidt eine Sintiza ist. Die Tatsache, mit einem „Nichtzigeuner" verheiratet zu sein, hat ihre Situation nicht verbessert. Zu den Schwierigkeiten, die sie als Sintiza mit den Gadsche aus der Siedlung hat, sind die Probleme mit den anderen Sinti gekommen.
Seit einem Jahr lebt Frau Schmidt allein mit ihrer 1½-jährigen Tochter in der Wohnung. Ihr Mann sitzt für drei Jahre in Hagen im Gefängnis.

Herr Böhmer starb wenige Wochen, nachdem wir diese Aufnahme machten. Die Familie hat dieses Foto in eine Erinnerungsecke aufgenommen.

Wenn ein Sinto krank ist und er ist arm, dann wird für ihn gesammelt. Ein Sinto, der stirbt, ist meistens nicht versichert, denn er meint, ich kaufe mir doch nicht schon vorzeitig den Tod. Ist er arm und kenne ich ihn auch nicht, so gebe ich doch alles Geld, das ich entbehren kann, für seine Beerdigung. Ich kenne keinen Sinto, der nicht mit Musik beerdigt worden ist. Der Zusammenhalt ist ganz groß. Das Geld für den Grabstein meines Mannes haben die Verwandten und Freunde gesammelt. Ich hätte von dem Geld der Sozialhilfe meinen Mann nicht würdig beerdigen können.

Wir wohnen schon seit 1956 in der Siedlung und haben nicht einmal eine vernünftige Wohnung gekriegt, nur immer Bruch! Man geht von einer Bruchbude in die nächste! Ich möchte auch mal glücklich sein, wenn ich einmal eine vernünftige Wohnung hätte.
Die acht Monate seit mein Mann gestorben ist, haben wir es sehr schwer gehabt. Ich bekomme jetzt 378.– DM Fürsorge und jeden zweiten Monat 1000.– DM Kindergeld. Da muß ich aber alles von zahlen.

Ich konnte ja zum Schluß nicht mehr hier oben bleiben, und da habe ich bei meiner Mutter geschlafen. Bei uns hat es ja ins Schlafzimmer reingeregnet. Zweimal hatte ich schon ein neues Schlafzimmer. Wir hatten ja hier das reinste Schwimmbad. Es war alles naß. Ich mußte alles rausschmeißen. Ich mußte hier oben Rattengift streuen. Da durfte ich mit der Kleinen ja hier nicht rein. Die Ratten haben alles angeknabbert, Bettwäsche, Garnitur usw. Und die Fürsorge hat gesagt, da könnte sie nichts machen. Jetzt geht es aber wieder. Seitdem die neuen Hausbesitzer den Boden und das Dach repariert haben, kann ich wieder hier oben schlafen.

Die Hauseigentümerin will alles besser machen, Bad und Toilette hier rein, vorne in die Küche. Es ist ja auch besser. Man kann hier abends nicht auf die Toilette gehen. Man muß abends auf den Eimer gehen.

Ich bin mal zur Schule gegangen, aber ich habe nie richtig schreiben und lesen gelernt. Ich will jetzt noch lernen, aber hier gibt es sowas nicht. Ich würde das gerne machen, wenn ich was lernen kann. Aber wenn es sowas gibt, dann ist es meistens für Türken oder so. Für uns gibt es sowas nicht. Ich wollte ja noch zwei Jahre länger zur Schule gehen, aber der Lehrer sagte, daß ich schon zu groß sei. Da war ich aber auch schon 16 Jahre. Der Freund meiner Schwester, der schreibt auch ab und zu Briefe für mich, wenn meine Schwester mal krank ist. Ich finde das nämlich blöd, irgendwo hinzugehen und zu sagen, hier, schreib mir mal einen Brief. Da lachen die einen ja aus.

Der Polizeieinsatz

Für den Duisburger Staatsanwalt war es lediglich eine „normale Durchsuchung", die sie in sogenannter Amtshilfe mit Unterstützung der Gelsenkirchener Polizei im sogenannten Brennpunkt Katernberger Str. durchführte. Am 5. 8. 80 rückten kurz vor 8 Uhr rund 120 bis auf die Zähne bewaffnete Polizisten an, um die Unterkünfte einer einzigen Zigeunerfamilie zu durchsuchen und eine Frau festzunehmen. Das alles in einem Ermittlungsverfahren wegen gefälschter TÜV-Plaketten und Personalpapiere.
Gefunden wurde dann auch der gesuchte Fälscherstempel bei einer Leibesvisitation, die gesuchte Frau und ihre 17jährige Schwester festgenommen sowie einige andere Sachgegenstände (1 Waffe) sichergestellt. Zurück blieben die an sich schon herzkranke Karoline Böhmer mit einer im Krankenhaus attestierten Gehirnerschütterung und Blutergüssen an den Armen, Wohnräume, die so aussahen, als hätten dort Vandalen gehaust, und verschüchterte Kinder, die von Polizisten sprachen, die sie mit vorgehaltener Maschinenpistole aus dem Schlaf gerissen haben sollen.
Über die Vorkommnisse des Polizeieinsatzes, der zwei Stunden dauerte, gibt es verschiedene Versionen.
Für die Staatsanwaltschaft Duisburg, die gleich mit zwei Staatsanwälten anrückte, verlief der „erfolgreiche" Einsatz ohne Zwischenfälle und Auseinandersetzungen. Nach dem Einsatz habe sich Frau Böhmer noch im allerbesten Gesundheitszustand befunden. Kinder sind mit Sicherheit nicht mit einer Waffe bedroht worden, sagt Oberstaatsanwalt Otto. Die große Anzahl der eingesetzten Polizeibeamten erklärt der Oberstaatsanwalt mit der Erfahrung, daß es immer besser sei, eher ein paar Beamte zuviel als ein paar Beamte zu wenig einzusetzen.

(Auszüge aus der WAZ vom 6. 8. 80)

Karoline Böhmer:
Ich habe die letzte Zeit immer im Wohnwagen geschlafen, weil ich es in der Wohnung nach dem Tod meines Mannes nicht mehr ausgehalten habe. Am 5. August um 7.15 Uhr wurde mein kleiner Sohn, der Johnny, wach und rief: „Guck mal Mama, alles voll Polizei". Ich war noch ganz verschlafen. Plötzlich hält einer der Polizisten eine Maschinenpistole ins offene Fenster.
So springe ich im Nachthemd aus dem Bett, will mir meinen Kittel überziehen, mach die Wagentür auf. Ich hab ja nichts zu verbergen. Da kamen sie gleich rein. „Was ist denn hier los", sag' ich, „lassen sie die Leute sich erstmal anziehen". „Halten Sie's Maul, sonst hau ich's Ihnen ein". „Hier in meinem Eigentum hab' ich zu bestimmen, was ist denn eigentlich los", sag' ich. „Halten Sie das Maul".
Wir durften uns nicht mal anziehen. Wir mußten uns vor die Wagentür stellen. Es wimmelte von Polizisten mit Maschinenpistolen und Hunden.
Als ich zu meiner Tochter wollte, haben die Polizisten mich zu dritt oder zu viert festgehalten und wollten mich zum Auto bringen. Da habe ich mich gewehrt, da haben sie mich mit voller Wucht in den Wagen geschmissen. Ich bin mit dem Kopf hinten aufgeschlagen.
Der zwölfjährige Junge, der Romano, hatte große Angst und schrie. Er wurde hinten in den Hundekäfig eingesperrt. Er sprang immer hoch vor lauter Angst. Dann bin ich zusammengebrochen durch die ganze Aufregung. Ich habe eine ganze Zeit auf dem Boden gelegen und sah den Jungen verschwommen durch das Gitter hinten im Wagen. Er schrie die ganze Zeit: „Helfen Sie doch, meine Mutter ist zusammengebrochen". Da haben sie mich dann schließlich rausgelassen.
Ich bin ins Krankenhaus gekommen, hatte eine Gehirnerschütterung. Meine älteren Töchter waren im Gefängnis. Ich habe vorzeitig, auf eigene Verantwortung das

Krankenhaus verlassen, damit die kleinen Kinder versorgt werden konnten und die Katharina nicht ins Heim kommt.
Wenn man in einer Straße 15 Jahre wohnt, ist man ja bekannt. Jetzt kommen die Leute und sagen: „Frau Böhmer, was ist denn bei Ihnen los, Sie haben ja in der Zeitung gestanden". Vom Hausbesitzer haben wir nach der Durchsuchung eine Kündigung bekommen.
Wir haben jetzt Angst, daß das alles noch schlimmer weitergeht. Ich bin jetzt 44 Jahre alt und bin noch keine Stunde vorbestraft. Wir waren ja alles Frauen und Kinder, die kamen mit 120 Polizisten mit MPs und Schäferhunden. Die denken, die können das noch so machen wie früher in den KZs. Die haben uns behandelt wie die Terroristen. Erstmal haben die keinen Haftbefehl gezeigt, die haben keinen Hausdurchsuchungsbefehl gezeigt, die haben mich nicht mal in meine eigene Wohnung reingelassen. Wir haben jetzt Anzeige erstattet.

Sylvia Schmidt:
Die haben mir oben das Bett weggezogen. Ich dachte, ich träume, weil ein Polizist mit einer Maschinenpistole vor mir stand. Ich sagte: „Verlassen Sie mein Schlafzimmer! Sie sehen ja, ich bin im Nachthemd. Ich muß mir erst was anziehen". Da sagt er: „Sofort 'raus!" Dann wollte er mein Kind am Arm packen. Ich sagte: „Mein Kind schläft. Lassen Sie das mal schön weiter schlafen!" Da packte er mein Kind am Arm und zog es aus dem Bett. Ich wollte einen Durchsuchungsbefehl sehen. Da meinte der eine: „Den brauchen Sie nicht zu sehen!" Dann haben sie mir den Arm umgedreht und mich mit vier Mann abgeführt.
Sie haben mich im Polizeiwagen weggebracht. Ich sagte: „Ich habe einen Herzfehler. Ich kriege keine Luft. Können Sie nicht das Fenster ein wenig aufmachen?" Da sagte einer: „Sie Zigeuner, Sie können ja schon mal krepieren. Es gibt ja genug Zigeuner". Im Nachthemd war ich auf dem

Präsidium. Ich sagte: „Hören Sie mal! Was liegt denn eigentlich gegen mich vor?" Da meinte er: „Ihr Zigeuner braucht das gar nicht zu wissen". Er hat mich dann ins Genick gepackt und in eine Zelle geschmissen.

Stellungnahme des Verbandes Deutscher Sinti

Auszüge

... Wir möchten voranstellen, daß es uns hier nicht um die Rechtfertigung einer evtl. Straftat geht, sondern um die Art und Weise der Durchführung einer höchst ungewöhnlichen und erschreckenden polizeilichen Maßnahme.

120 Polizeibeamte in voller Kriegsausrüstung haben auf Anordnung des Oberstaatsanwalts Otto aus Duisburg bei einer Sinti-Familie wegen des Verdachts der Urkundenfälschung eine Hausdurchsuchung durchgeführt. Die Anordnung, diese Wohnungsdurchsuchung in Kompaniestärke durchzuführen, ist nicht nur eine gröbliche Verletzung des Grundsatzes der Verhältnismäßigkeit der Mittel, sondern auch eine gravierende Verletzung der Menschenwürde.

Der Verband Deutscher Sinti befürchtet, daß dieser publikumswirksame Polizeieinsatz auch dazu angetan ist, die zur Zeit in unserem Staat erneut aufkeimende Fremdenfeindlichkeit weiter anzuheizen. Mit Besorgnis nehmen wir zur Kenntnis, daß die Gelsenkirchener mit Stolz auf ihren „Zigeunerexperten" hinweisen, der, wie sie sagen, der einzige in Deutschland ist. Mit Leuten, die diese Bezeichnung im Dritten Reich führten, machten die Sinti die allerschlechtesten Erfahrungen. Es ergibt sich hieraus auch für uns die Vermutung, daß auf Grund der gemeinsamen rassischen Verfolgung auch ein „Judenexperte" bei der Gelsenkirchener Polizei in Diensten steht.

43

Mädchen, geh betteln

Was machst du jetzt,
Wo gehst du jetzt?
Das möcht ich gerne wissen.
Wo gehst du jetzt?

Du gehst, läufst den Bach hinunter,
Dort unten sind ein paar Höfe,
Geh dort hinein, um zu betteln.
Bettel dir etwas.

Nimm dich vor dem Dorf in acht,
Dort ist ein sehr böser Polizist,
Erwischt er dich, wirst du gefangen.
Er ist ein sehr böser Polizist.

Er spuckt gerade Feuer.
Ich bitte dich, gib acht,
Daß er dich nicht erwischt.
Er ist doch nur böse.

Wir trafen alte Zigeuner,
Sie sind weit von hier,
Sie sind draußen im Wald,
Sie haben keinen Wagen, sie haben kein Pferd.

Sie haben aber schäbige Kinderwägelchen,
Mit denen fahren sie herum.
Sie sind noch echt,
Von dem guten Stamm der Sinte.

Das gefällt mir.
Ich liebe alle die armen, alten Zigeuner.
Ich bitte dich, gib acht.
Nachher fahren wir zu ihnen hin.

Schnuckenack Reinhardt

. . . bis Freitag darf man bleiben, bis Freitag muß man weiter

Löhne – ein Lagerplatz für wenige Tage

Zigeuner kommen in die Stadt

Zigeuner kommen in die Stadt!
Aufgepaßt, wer Kinder hat!
Wenn die bunten Wagen kommen,
wird die Wäsche abgenommen.
Zigeuner kommen in die Stadt.

Die Spinner wollen jetzt ihr Recht,
dabei geht's ihnen gar nicht schlecht:
Von der Sozi leben sie,
aber Steuern zahl'n sie nie!
Zigeuner sind mal wieder in der Stadt.

Duo Z

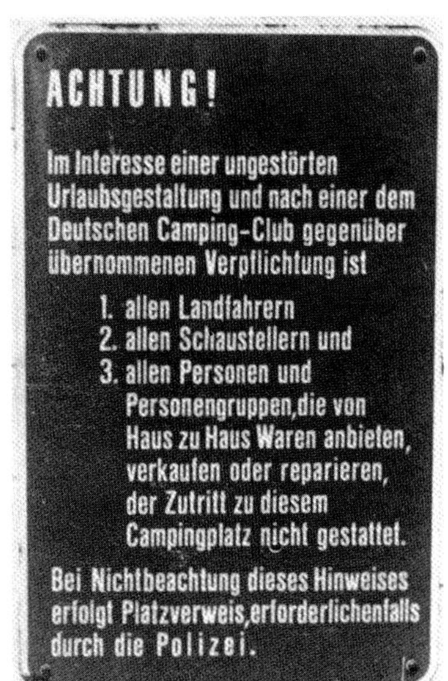

Der Arbeiterfotograf Eugen Heilig fotografierte in den Jahren 1935/36 in der Umgebung von Berlin das Schild, das Juden diskriminiert. Die beiden anderen Aufnahmen wurden 1979 und 1980 gemacht. Für Juden würde heute niemand mehr wagen, solche Schilder aufzustellen. Für Sinti hat sich nicht viel geändert.

Wir sind Zigeuner. Wir verkaufen Teppiche, ja, wir haben gute Teppiche, echte Teppiche. Das Geschäft geht aber immer schlechter. Die Leute haben Angst. Die schlagen uns die Türen vor der Nase zu. Wir sind im Sommer sechs Monate unterwegs, dann, ab Oktober, haben wir unsere Häuser.
Unsere Kinder gehen im Winter zur Schule, im Sommer können sie nicht gehen, weil wir nur zwei Tage auf einem Platz bleiben können.
Wir haben Schwierigkeiten mit der Behörde und der Polizei. Die gucken, sehen Zigeuner und so weiter, und sofort kommt jemand von der Stadt oder der Gemeinde, und die jagen uns weg. Am ersten Tag ist jemand gekommen, und wir haben gefragt, ob man bleiben darf, und da haben die gesagt: „Bis Freitag darf man bleiben, am Freitag muß man weiter".
Wo wir dann hinziehen, wissen wir noch nicht so genau.

Die Sinti gehen auf Reisen, um ihr Gewerbe auszuüben und dadurch ihre Familien zu ernähren. Daher genügt es nicht, allein das Landfahrerverbot auf Campingplätzen aufzuheben. Wir müssen frei und ungehindert reisen können und das Recht erhalten, auf allen Gemeindeplätzen zu campieren. In den Städten müssen sogenannte Durchfahrerplätze mit entsprechenden sanitären Einrichtungen geschaffen werden. Langfristig ist zu fordern, an günstigen, d. h. von reisenden Sinti häufig aufgesuchten Plätzen sanitäre und Gemeinschaftseinrichtungen ggf. mit Schulmöglichkeiten für die Kinder zu schaffen. Doch zuvor bedarf es hierbei einer von Sinti geleiteten Untersuchung, inwieweit solche Plätze sinnvoll und gewünscht sind, da sie leicht einen neuen Gettocharakter bekommen können.

Aus der Satzung des Sintiverbandes Kiel

Ein Holländer fährt seit 11 Jahren mit einer Sinti-Gruppe. Er erlebt am eigenen Leib, wie es ist, als „Zigeuner" behandelt zu werden.

Ich war früher Fernfahrer. Und da wohnte ich hier in Deutschland. Da habe ich die Leute kennengelernt. Da haben die mir das Angebot gemacht mitzufahren. Ich habe gedacht, mach das mal ein Jahr. Aber nachher wollte ich dann nicht mehr weg.
Manchmal kommt man auf einen Platz. Dann kommen die sofort, die Polizei oder das Ordnungsamt. „Was wollt ihr hier? Weg hier! Wir wollen die Zigeuner nicht". Dann muß man den Leuten sagen: „Hören Sie mal. Das sind ja Menschen genau wie die Deutschen. Warum müssen die denn weg?" „Ja, die sind dreckig". Und ich sag: „Gehen Sie mal in einen Wohnwagen und gucken Sie mal, was dreckig ist". Die sind ja manchmal viel sauberer, entschuldigen Sie, daß ich das sage, wie die Deutschen.

Vorgestern war das. Die Oma, die ist ziemlich alt, die wollte Hühner kaufen. Ich sage: „Komm, da ist ein Bauer. Wir fahren auf den Hof und fragen mal". Wir fahren auf den Bauernhof, und die Bäuerin ist da. Da sagt die Oma: „Verkaufen Sie mir ein Huhn?" „Hast Du Hunger?" „Ja", sagt die Oma, „verkauf uns doch ein Huhn. Sie haben doch so viele Hühner". „Nein, an Zigeuner verkaufe ich kein Huhn!" „Ja, warum?" „Nein, ich verkaufe nicht an Zigeuner". „Aber wir haben großen Hunger. Wir haben kein Fleisch zu Hause", sagt die Oma, „Verkauf uns doch eins!" „Wenn Du nicht sofort weg bist, dann lasse ich den Hund raus!" Dann wollte sie schon die Tür zum Zwinger aufmachen. Da war ein Schäferhund drin. Da bin ich aus dem Auto gestiegen und habe zu der Frau gesagt: „Hör mal, vielleicht meinen Sie, ich wäre auch ein Zigeuner. Ich bin aber nur ein halber, ich fahre nur mit denen mit. Aber das ist doch keine Art und Weise sowas. Die Frau, die will ein Huhn kaufen. Die bezahlt Ihnen das auch, und wenn Sie 10 Mark verlangen, die bezahlt das. Warum müssen Sie denn zu dieser Frau sagen, ich lasse jetzt den Hund raus?" Da ist sie reingegangen und hat den Bauern noch gerufen. Da ist das Beste, man steigt ein und fährt weiter.

... Großfamilie, das sind Großeltern, Eltern und Enkelkinder alle zusammen. Das ist Kultur der Sinti. Wir leben heute, jetzt, im Augenblick, intensiv, nicht in der Vergangenheit und nicht in der Zukunft.
Uns geht es nicht um Geld. Wir kommen mit dem Existenzminimum aus. Wenn man uns heute vorwirft, wir fahren große Wohnwagen und große Autos, so muß ich sagen, das sind nur dumme Leute, die so etwas behaupten können.
Eine Sintigroßfamilie lebt mit 8-10 Köpfen auf 15 qm Wohnfläche. Jede andere Familie in der Größe würde mindestens 100 qm beanspruchen.

Wenn ich eine große Familie habe, muß ich einen großen Campingwagen haben. Für den großen Campingwagen muß ich ein großes Auto haben, sonst kann es den nicht ziehen. Also bin ich gezwungen, muß ich sehen, wo ich das Geld her-kriege. Als Antiquitätenhändler, wenn ich selbständig bin, kriege ich einen Kredit eingeräumt. Ist doch logisch. Wenn ich den Kredit eingeräumt kriege, kauf ich mir einen Wohnwagen, kauf ich mir ein Auto, damit ich im Sommer fahren kann. Die, die Sozialhilfe kriegen, fahren kein großes Auto, die haben nur ganz kleine Campingwagen.

Den größten Teil des Jahres fährt Herr Krämer über Land und kauft alte Möbel. Er restauriert sie meist sofort, um sie wieder verkaufen zu können. Er muß mobil bleiben. Nur die wertvolleren Stücke bringt er für eine längere Aufarbeitung in sein Lager. Viele seiner Kunden sind professionelle Antiquitätenhändler aus den Niederlanden.

Früher waren die Sinti Schmiede, Metallarbeiter, Musikanten, Komödianten, Pferdehändler, Tierbändiger und Wahrsager.
Die Wahl der Berufe war nicht zufällig. Die Ursachen dafür findet man in Indien. Das strenge Kastensystem zwang die Parias und Kastenlosen dazu, die Arbeiten zu machen, die von Angehörigen höherer Kasten wegen Tabus oder aus wirtschaftlichen Gründen abgelehnt wurden.
Heute arbeiten die Sinti oft als Gewerbetreibende, Händler von Antiquitäten, Teppichen, Textilien, Schrott und Gebrauchtwagen. Einige arbeiten in speziellen Handwerksberufen z. B. als Verzinner, Kesselflicker, Klempner, Blechschmiede, Zeugschmied (Äxte, Sensen) oder als Emailleure und Schmelzarbeiter. Andere arbeiten als Holzschnitzer, Möbelhauer, Steinmetze oder Instrumentenbauer. Viele haben künstlerische Berufe wie Maler, Grafiker oder Musiker.

Die Eltern von Herrn Krämer betreiben ein kleines Pony-Reitunternehmen. Der Vater reitet die Pferde zu und dressiert sie. Wenn sich an den jeweiligen Standplätzen eine Möglichkeit bietet, nutzt er sie für Auftritte mit seinen Tieren. Er wird häufig von Schulen engagiert.

NYREITEN

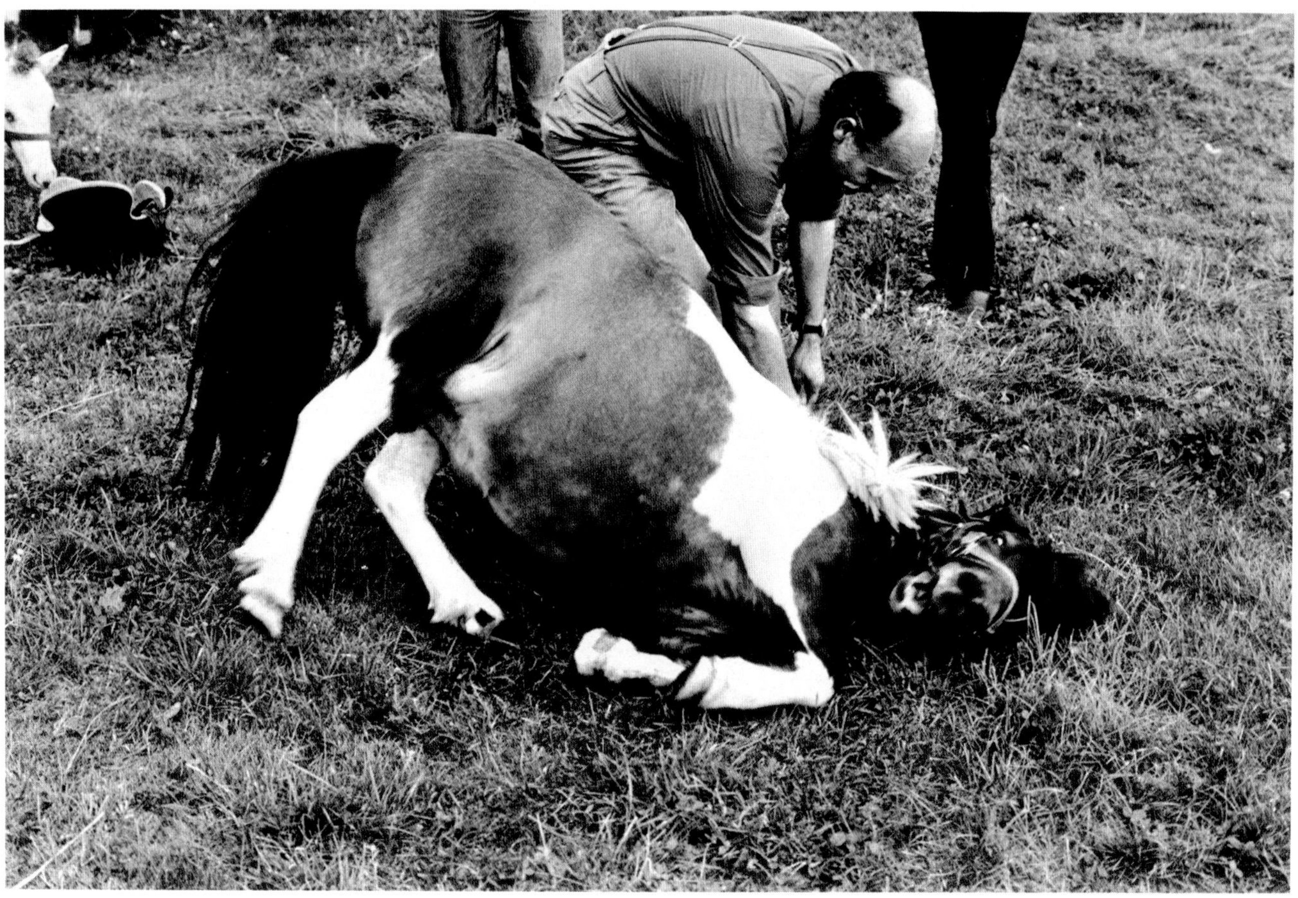

Weil meine Augen dunkel sind,
Und weil mein Haar nicht ist wie deins,
Verfolgst du mich seit tausend Jahren schon,
Obwohl ich doch so lang wie du hier wohn'.
Wie lange soll's so weitergehen?
Bringen wir den Kreislauf nicht zum stehn,
Werden wir am Ende untergehn.

Duo Z

Wir Sinti sind ein eigenständiges Volk mit eigener Sprache, Kultur, Tradition und Lebensweise. Wir sind aber auch, und das zum Teil seit Jahrhunderten, deutsche Staatsbürger. Daher wollen wir als Deutsche angesehen und behandelt werden und die Möglichkeit erhalten, unsere Sprache zu sprechen, unsere Kultur und Tradition zu pflegen. Das bedeutet, daß wir auf unsere Weise nach unseren Bedürfnissen leben können.

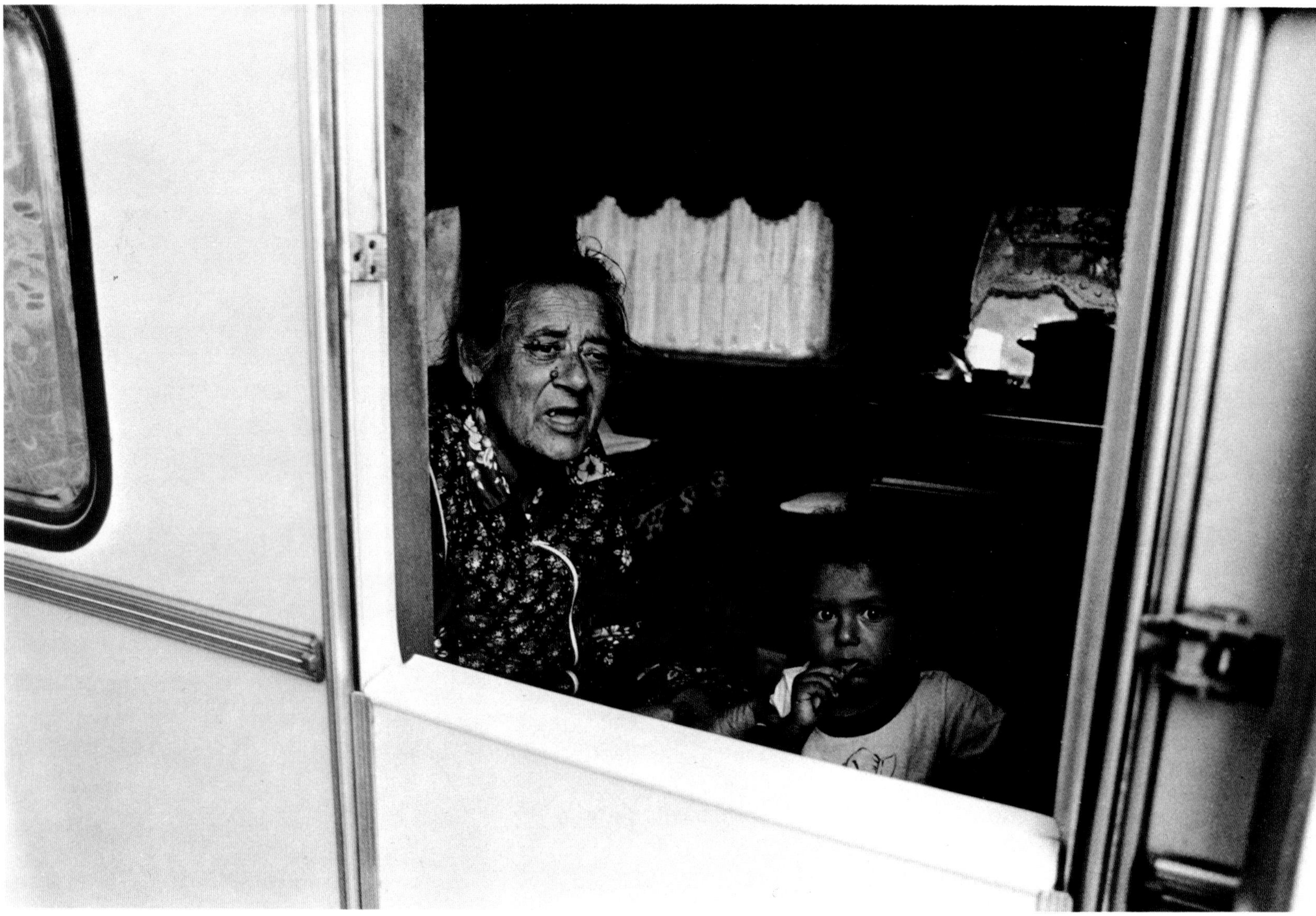

Wir wollen ja nur, daß die Vorurteile abgebaut werden gegen die Sinti. Daß die „Zigeuner" klauen, daß die „Zigeuner" böse sind. Es gibt bei uns Falsche, es gibt bei euch auch welche. Das ist doch logisch. Aber Sie haben noch nie gehört, daß ein Sinto ein kleines Kind umgebracht oder mißbraucht hat. Das gibt es bei uns nicht. Unsere Mentalität läßt das gar nicht zu, die eigenen Gesetze.

In Zukunft gibt es keine Freiräume mehr, wo wir Sinti sagen können, die Gesellschaft geht uns nichts an, die lehnt uns ab. Wir fahren irgendwo in einen grünen Wald, setzen uns an einen Fluß und angeln. Der Beton holt uns ein. Es gibt keine Freiräume mehr in der Bundesrepublik. Die Gettosituation wird immer schlimmer.

Aus einer Stellungnahme des Oberstadtdirektors zur Platzsituation in Löhne:

Der Platz hier in Löhne wird immer so als Anlaufstelle genommen. Solange sich das also nur um einen Aufenthalt von 2 - 3 Tagen handelt, habe ich bisher nie etwas unternommen. Wenn allerdings zu erkennen war, daß man sich häuslich einrichten wollte, dann habe ich auch im Interesse der Gesamtsituation doch unsere Mitarbeiter im Ordnungsamt aufgefordert, nun sich darum zu kümmern, daß möglichst bald weitergezogen wird.
Wenn die Leute kommen, dann kann man sie nicht am selben Tag wieder wegjagen - sind ja schließlich auch Menschen.
Da wir erst immer am kommenden Tag Kenntnis davon bekommen, daß jemand hier ist, geht man dann also hin und spricht mit den Leuten, es wäre schön, wenn sie weiterziehen würden. Dann ziehen die sicherlich nicht am selben Tage, und so weitet sich das Ganze auf 2 - 3 Tage aus. Insoweit hat es da also wenig Probleme gegeben, insbesondere in letzter Zeit nicht mehr. Zigeuner sind ja nun mal kein seßhaftes Völkchen. Sie sind Menschen, die ja traditionell seit Jahrhunderten eigentlich so auf Wandern und Umherziehen eingestellt sind.

. . . hier leben fast alle von Sozialhilfe

Wohnwagenplatz Braunschweig

Die meisten Bewohner des Braunschweiger Platzes leben von Sozialhilfe. Einige der Jüngeren schaffen es noch, sich notdürftig von dem Handel mit Teppichen, Antiquitäten oder Schrott zu ernähren. Trotzdem reicht das Geld oft nur fürs Essen.

Frau Laubinger wohnt mit ihrem Mann in einem der Wohnwagen. Sie hat ihre Familie im KZ verloren. Die Fotos der toten Angehörigen hängen im Wohnwagen. Ihr Bett ist voller Puppen. Sie sagt, daß ihr jetzt im Alter besonders schmerzlich klar werde, was es bedeutet, ohne Kinder leben zu müssen. Ein paar Tage später sind die beiden fort, niemand weiß genau wohin.

Diesen diskriminierenden Bericht verfaßte eine Sozialarbeiterin die jahrelang Sinti auf dem Wohnwagenplatz betreut hat. Die Stadtverwaltung behauptet, daß der Bericht nicht als Arbeitsgrundlage für andere Sozialarbeiter diene, aber diese Aussage ist widersprüchlich, da der Bericht 1979 Kulturdezernenten in verschiedenen Städten und einer Fachhochschule für Sozialarbeit in Wolfenbüttel zugängig gemacht wurde.

Versuch einer allgemeinen Charakterisierung aufgrund eigener Erfahrungen:

... Bei geringsten Erfolgsaussichten ist er (der Zigeuner) rücksichtslos auf seinen persönlichen Vorteil bedacht, woran er nur die allernächsten Angehörigen teilhaben läßt. Schon Bruder und Schwester gehören dann nicht mehr seinem Fürsorgebereich an.

... Die unberechenbaren, oft jeglichen realen Hintergrundes entbehrenden Gefühlsausbrüche erschweren die Zusammenarbeit erheblich.

Andererseits sind Zigeuner auch leicht zu beeindrucken und bereichsweise wie Kinder zu behandeln.

Ein Geheimtip von in der Zigeunerarbeit erfahrenen Kollegen:

Ausführlich all die vielen guten Taten zu rühmen, die man ihnen bereits hat angedeihen lassen und an ihre Dankbarkeit zu appellieren. Dies hat oft Erfolg. Mit abrupt umschlagender Stimmung vermögen sie dann in wahre Lobes- und Dankeshymnen auszubrechen, die ebenfalls wiederum höchst übertrieben, aber so herrlich rührselig sind ...

Zigeuner zeigen sich gern unterwürfig, einschmeichelnd, mitleiderregend, und sofern sie während ihrer mitunter geradezu kindlichen Betteleien ein positives Echo vermuten, können sie einen liebenswürdigen Charme entwikkeln.

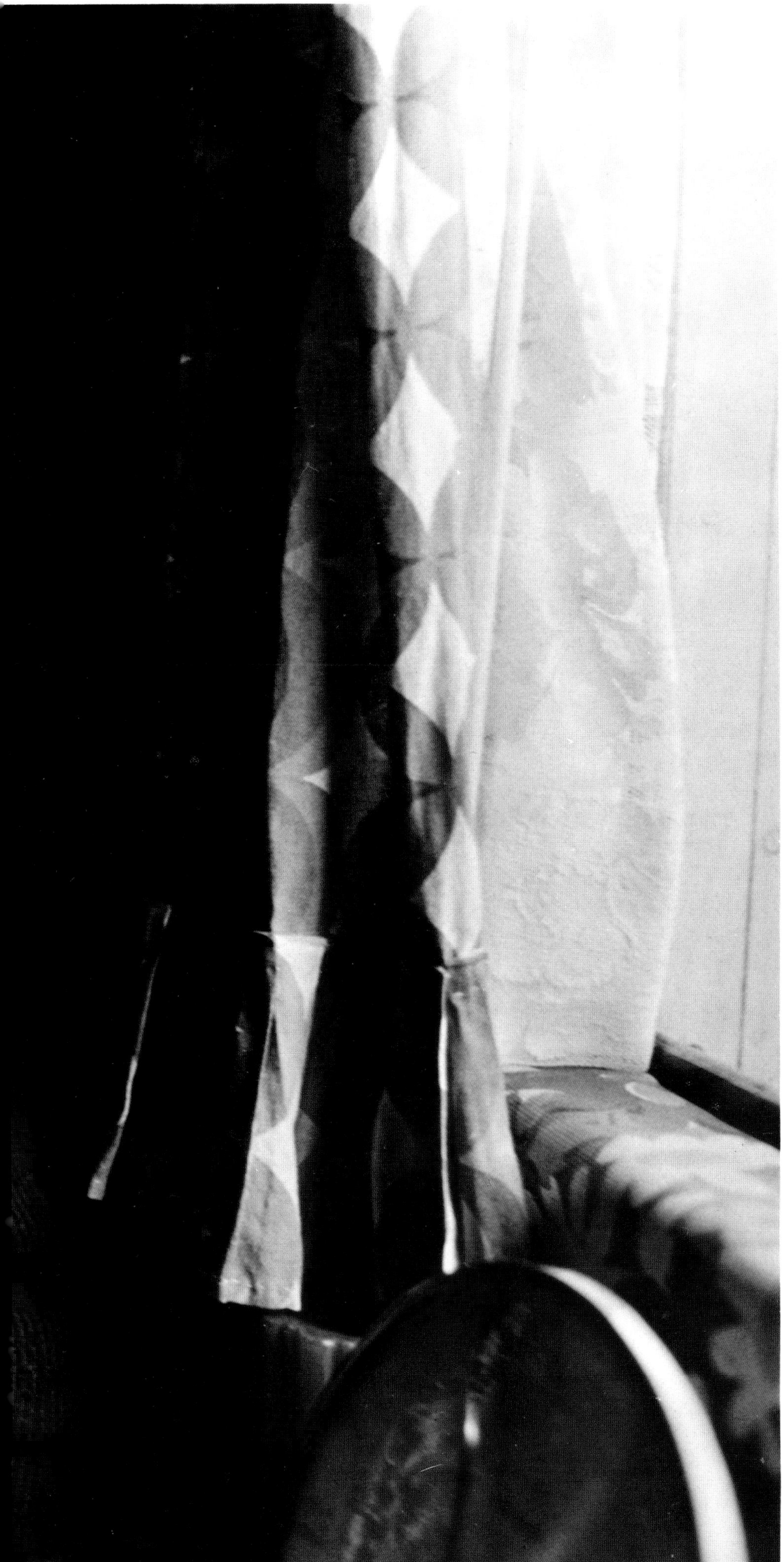

Ich fürchte nicht ...

Lieber Tod, ich fürchte nicht
Deine schwarze Klause,
Denn in Nacht und Nebel war
Stets ich ja zu Hause.

Früher wollte ich den Flug
Hoch zur Sonne wagen –
Doch, daß ich noch unten bin,
Brauch' ich nicht zu sagen.

Tod, du nimmst mich sicher einst
Mit den dürren Armen;
Aber bette mich gelind,
Hab' mit mir Erbarmen!

Albert Minder

27
8

... hinterm Bahndamm

Wohnwagenplatz Düsseldorf-Eller

Hier in Eller leben so über den Daumen 200 Personen, mit Kindern. Vorher haben sie ja nur den einen Toilettenwagen gehabt. Eine Brause für die ganzen Leute hier. Wenn man sich brausen will, muß man sich anstellen! Hier ist ja alles numeriert.
Also, wir sind dafür, daß hier mal Häuser gebaut werden und die Wohnwagen wegkommen. So ein Campingwagen ist nur noch zum Reisen, die hier fallen ja auseinander. Darum möchten wir gerne, daß wir Häuser kriegen. Das ist ja ein ganz anderes Leben, ein regelmäßiges Leben.
Wenn hier so richtig Hitze kommt, wenn normalerweise 39 Grad Celsius ist, sind hier bald 60 Grad. Da geht man ja kaputt. Der Teer, der gibt ja alles wieder.

Seit drei Jahren stehen die Wohnwagen der Sinti auf einem neuen, asphaltierten Platz. Der alte, benachbarte Platz bestand 10 - 15 Jahre. Davor wechselten die Sinti ihren Standort häufig.

Einer der wichtigsten Punkte ist die Lösung des Wohnungsproblems. Die meisten Sinti leben unter unzumutbaren Bedingungen oder sind, entgegen ihrer Lebensgewohnheit, in Kleinfamilien aufgeteilt, über das ganze Stadtgebiet verteilt, so daß der Kontakt untereinander abreißt und der Zusammenhalt der Großfamilie gefährdet ist. Dadurch geht häufig die traditionelle Gebundenheit verloren. Das Leben in einem Mietshaus entspricht nicht der Lebensweise der Sinti. Sie werden oft von den Mitbewohnern angefeindet. Daher sind sie weder integriert, noch sind sie in den alten Familienverbund eingegliedert. Schwere Identitätskonflikte sind häufig die Folge.
Hier gilt es, Abhilfe durch ein Wohnungsbauprogramm für bedürftige Sinti zu schaffen, das sich in Absprache mit den betreffenden Sinti an deren kulturellen Bedürfnissen orientiert. Dabei muß besonders das Bedürfnis und die Wichtigkeit des Lebens in der Großfamilie berücksichtigt werden.

Aus der Satzung des Sintiverbandes Kiel

. . . und dann bin ich wieder hierhin zurück

Ich habe auch schon einmal eine feste Wohnung gehabt; ich habe auch schon einmal in einem Hochhaus gewohnt. Ich war die einzige Zigeunerin da drin. Aber glauben Sie, das war noch schlimmer, als wenn ich im Gefängnis gesessen hätte. Man hat kein Zigeunerwort gehört, wie man es hier hört. Kein Mensch kam dahin, und mein Mann war immer unterwegs. Ich mußte darunter leiden.

Und dann bin ich wieder zurück hierhin und habe mir blind einen Wohnwagen gekauft, nur, um ein Dach über dem Kopf zu haben. Der hat 30.000 Mark gekostet. Den habe ich auf Kredit gekauft. Den bezahle ich jeden Monat pünktlich ab. Ich hatte selbst keinen Führerschein. Und das ging mir auf die Nerven. Immer mußte ich dem Schwiegersohn sagen, fahr mich mal wohin. Das mußt Du doch schaffen, so dumm bist Du doch nicht, habe ich mir gesagt. Und dann hat es auch geklappt. Heute fahre ich selbst überall hin.

Frau Steinberger wohnt mit acht Kindern in Düsseldorf-Eller. Sie ist seit sechs Jahren geschieden.

Einer meiner Söhne kann nicht schreiben und nicht lesen. Wo sollen sie den unterbringen? Der hat Schwierigkeiten in der Schule gehabt, der kam gar nicht mit. Und dann kam der Direktor, und der hat gesagt, der Junge käme nicht mit. Und dafür ist er dann drei Jahre früher entlassen worden. Und Arbeit kriegt der nicht. Mit Arbeit, das ist geradezu zwecklos. Der älteste Sohn ist taubstumm. Wie der aus der Schule rauskam, hat er direkt angefangen zu arbeiten, beim Schweißen, Lackieren. Als wir umgezogen sind, hat er keine neue Arbeit gefunden. Er kriegt jetzt Arbeitslosengeld.

Ich kriege 900 Mark vom Sozialamt, ohne Kindergeld. Nach Abzug der anderen Kosten bleiben mir von dem ganzen Geld 120 Mark und das Arbeitslosengeld von meinem Sohn. Davon leben wir jetzt. Meine Tochter wird den Abschluß machen, und die wird auch eine Prüfung machen. Die soll einen Beruf ergreifen, an dem sie Spaß hat. Sie ist auch die einzige zu Hause, die richtig lesen und schreiben kann. Meine anderen Kinder können nicht lesen und schreiben. Ja, das ist jetzt die einzige Rettung, daß sie einen Beruf ergreift. Ich weiß doch selber, wie das ist. Ich habe keine Schule besucht, ich war ja im Lager.

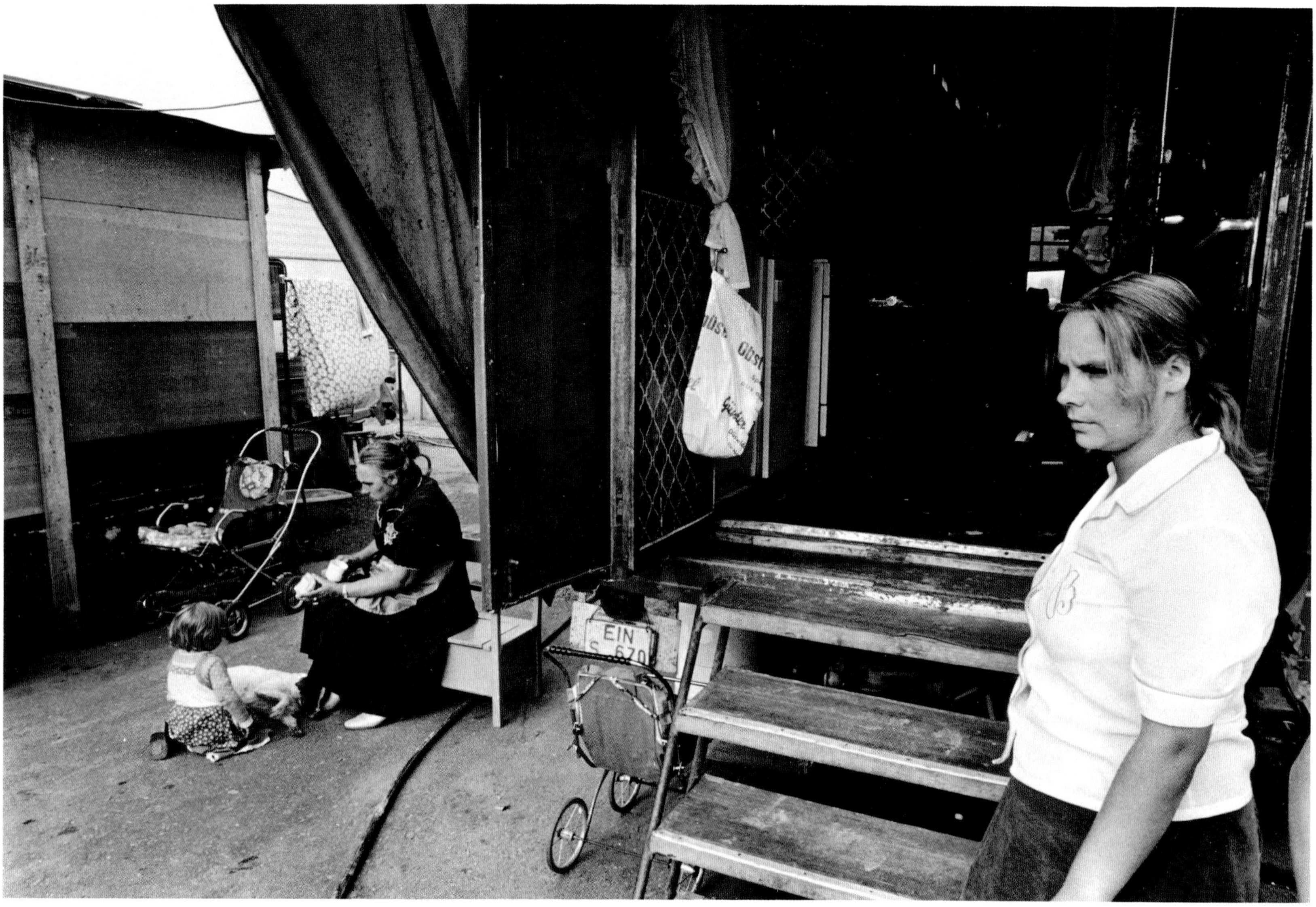
EIN

Sag, wohin sollen wir denn gehn?
Verflucht noch mal –
Kann uns denn keiner hier verstehn?
Warum sind wir der letzte Dreck,
Warum schickt man uns immer weg?
Warum sollen wir die Dummen sein?

Duo Z

Auf dem gleichen Platz wohnt auch der Bruder von Frau Steinberger, Herr Schmidt. Er hat sich hinter seinem Wohnwagen einen kleinen Schrebergarten eingerichtet.

Der Sinto, der ist ja naturverbunden, der lebt nicht gerne zwischen Steinwüsten. Deshalb reist der Sinto auch so gerne. Früher sind wir viel mit Pferd und Wagen rumgefahren. Ich bin als Kind hinter den Pferdewagen hergerannt, barfuß und alles. Das hab' ich alles erlebt und mitgemacht. Unser Pferd war unser Reichtum. Ja, das war unser Schmuckstück. Einen 3 m-Wagen haben wir gehabt, hinten mit der ganzen Familie drauf. So sind wir durch die Wälder gezogen, über Stock und Stein. War schön, schöner wie jetzt. Ach, da sind wir doch wenigstens noch rumgekommen. Wir sind immer auf Reisen gewesen, richtig frei war das, aus der Seele 'raus. Von Anfang an war da schon das Wandern drin. Das ist jetzt ja langsam nicht mehr so. Die alten Leute, die reisen nicht mehr, die sind froh, daß sie auf einem Platz sind. Das will ich auch nicht abstreiten. Aber wir Jungen, wir sind schon dafür, wir reisen viel.

Dieser Platz ist unzumutbar

Frau Adam ist in Düsseldorf geboren. Sie hat neun Kinder. Ihr Mann ist gestorben. Sie lebt in einem vom Sozialamt gestellten Wohnwagen. Ihre Mutter wohnt nebenan.

Im Sommer ist hier kein Schatten, und der Beton strahlt die Hitze ab. Da geht man hier kaputt.

Ich wollte hier in Düsseldorf eine Wohnung beantragen, aber ich habe niemals eine Wohnung bekommen. Mein Mann hat hier im Wohnwagen immer auf dem Boden geschlafen, dadurch wurde er nierenkrank. Drei Jahre hat er in der Dialyse gelegen! Die wollten mich zwar in einen Sozialbau stecken, aber da wollte ich nicht rein mit meinen Kindern und meinem kranken Mann. Statt dessen habe ich einen größeren Wohnwagen gestellt bekommen. Mit fließendem Wasser, weil mein Mann ein Pflegefall war. Sonst hat niemand hier auf dem Platz

Orion
10 JAHRE
Jubiläums-
4,5 kg Packung

fließend Wasser.
Gestern war der Gerichtsvollzieher hier, und er verlangte von mir 1.000,– DM fürs Wasser: „So, das Wasser wird abgestellt". Ich sag: „Weshalb?" „Ja, das Wasser war ja nicht für Sie, das war für Ihren Mann". Weil mein Mann ein Pflegefall war. Da habe ich gesagt: „Dann schicke ich die Kinder auch nicht mehr zur Schule, wenn ich sie nicht waschen kann!"
Leben Sie mal mit so vielen Kindern in einem Wagen. Jetzt schlafe ich auf dem Boden, genau wie mein Mann geschlafen hat. Und jetzt bin ich auch krank. Wenn das so weiter geht, wie hier jetzt ....
Sehen Sie ja, wie ich draußen wasche. Im Sommer geht es ja, aber im Winter ist es schlecht.
Meine Mutter ist total krank. Sie schläft auf feuchten Matratzen, die können Sie total auswringen. Meine Mutter hört schon gar nicht mehr zu, weil ja doch nichts gemacht wird. Ihre Haare waren im letzten Winter an der Wand angefroren!

Meine Tochter möchte auch mal gerne Freundinnen zu uns einladen, aber sie wird immer nur von denen eingeladen. Hierhin traut sie sich gar nicht, Freundinnen einzuladen. Sie will sich doch nicht blamieren. Sie wissen alle, daß sie Zigeunerin ist. Sie ist auch stolz darauf, daß sie eine ist. Aber wie wir wohnen, möchte sie denen nicht zeigen.
Nur mal ein Beispiel: Wenn sie ihre Freundinnen einlädt zum Feiern, und die müssen mal austreten. Da können wir doch nicht sagen: „Geht mal in die Büsche!"
Es gibt ja so viele Vorurteile. Die Kinder wissen ja noch nichts, aber es wird denen zu Hause eingetrichtert. Zigeuner klauen Kinder, als hätten sie selber nicht genug! Wir haben hier doch alle soviel Kinder – und dann sollen wir noch welche stehlen?

Wir wollen uns unsere Kultur erhalten

Sinti und Roma in Altenberg
Saintes Maries de la Mer

Nur bei Wallfahrten können viele Sinti unbehelligt von Behörden und Gemeindeerlassen reisen. Nur während der meist mehrtägigen Veranstaltungen auf Wallfahrten brauchen sie keine Angst vor Vertreibung zu haben, weil eine behördliche Genehmigung zum Lagern vorliegt.
Der tägliche Alltag auf Reisen sieht ganz anders aus. Nur wenige Gemeinden stellen Durchreiseplätze zur Verfügung, auf denen sie übernachten können. Campingplätze dürfen sie kaum benutzen. Frei campieren ist nicht gestattet, weil die Ordnungsbehörden sofort die fehlenden sanitären Anlagen beanstanden und die Leute schon nach kürzester Zeit zum Weiterfahren veranlassen. So bedeutet das Reisen für viele Sinti eine dauernde Hetze.

Etwa 4000 Sinti und Roma aus allen Teilen Europas nahmen an der zehnten internationalen Wallfahrt vom 14. – 18. 6. 1977 in Altenberg bei Köln teil. Die Menschen hatten sich zu einem großen religiösen Treffen zusammengefunden. Der Erzbischof Clarizo von Anzio, Leiter der päpstlichen Kommission für „Seelsorge an den Menschen unterwegs", führte die Prozession an. Schnuckenack Reinhard spielte das Ave Maria im Altenberger Dom.

Die großen Sintifamilien wählten früher einen Anführer, der jederzeit abwählbar war und seine Funktion mit einem Ältestenrat ausübte. Seine Stellung war nicht vererbbar. Die eigentliche Hüterin der Gemeinschaft, der Sitten, Erfahrungen und Gesetze war die weise Frau, die Puri Dari, die hoch geachtet wurde.

Musik spielt im Leben der Sinti eine große Rolle. Von 10.000 Roma berichtet bereits der persische Dichter Firdusi um 1000 nach Christi Geburt, die der indische König Shankal seinem Schwiegersohn als Lautenspieler sendet.

Im Mittelalter spielen Zigeunermusikanten in den Häusern des Adels und auf dörflichen Festen. Ihre Musik beeindruckt immer wieder auch europäische Musiker und Komponisten.

1770 fiel dem Bürgermeister von Darmstadt in einer Zigeunergruppe ein Geiger auf. Es war Wilhelm Friedemann Bach, Professor der Mathematik, Organist der Marienkirche in Halle und Sohn von Johann Sebastian Bach. Seine bürgerliche Existenz hatte er aufgegeben, um mit den Sinti zu ziehen. Zigeunerthemen finden sich in der Musik von Haydn, Beethoven, Schubert, Brahms und Liszt, der zudem noch ein Buch über sie schrieb: „Die Zigeuner und ihre Musik in Ungarn". In der zeitgenössischen Musik unserer Zeit machte der Sinto Django Reinhardt sich als Gitarrist einen Namen. Bei den Sintimusikern findet man Instrumente wie Laute, Pan-Flöte, Cymbal, Gitarre, Trommel, Tamburin. Ihr populärstes Instrument ist die Geige. Ein Meister auf diesem Instrument ist Jakob aus Odessa.

Ich habe meinen Vater nie gekannt,
Und habe keine Freunde;
Meine Mutter ist seit langem tot,
Meine Liebste hat mich verlassen:
Du allein, oh meine Geige
Begleitest mich durch die weite Welt.

Möge mein Herz vor Kummer brechen,
In meiner Tasche fehlt das Geld.
Ich spiel' ein Lied auf meiner Geige,
und Schmerz und Hunger schweigen.

Meine Geige hat zwei Gefährten,
Die mein Mark verzehren,
Liebe heißen sie und Durst
Und begleiten mich, den Musikanten.

Wlislocki

Saintes Maries de la Mer, die Heiligen Marien aus dem Meer.
Viele europäische Roma treffen sich einmal im Jahr in dem französischen Wallfahrtsort Saintes Maries de la Mer, um die heilige Sara zu verehren, von der sich eine Figur in der Krypta der Kirche befindet, die Schwarze Sara. Eine Legende erzählt: 41 nach Christi Geburt flohen Maria Magdalena, Maria Jakobäa und Maria Salomäa mit einem Schiff aus Palästina. Sara, ihre „ägyptische" Dienerin, hat sich ihnen angeschlossen. Die drei Marien und ihre Dienerin Sara sind zuletzt an der Küste der Camargue an Land gegangen. Bei der Anlegestelle wurde um 1200 die Kirche „Saintes Maries de la Mer" gebaut. Die Roma pilgern alljährlich dorthin, weil für sie die heilige Sara eine Gipsy, eine Gitana und ihre Schutzheilige ist. Die religiösen Bräuche werden von den Roma und Sinti als ein wesentlicher Bestandteil ihrer Lebensweise angesehen.

La Singla – die Einzigartige – eine spanische Roma und ihre Flamencogruppe

Das Wort „Flamenco“ wird neben anderen Erklärungen auch aus dem romanes Wort „flaman“ abgeleitet. Es bedeutet hell, gut sichtbar, frech.
Der Flamenco weist indische, hebräische, ägyptische und besonders maurische Einflüsse auf.
Er besteht aus vier Teilen: Gesang, Tanz, Gitarre und dem Rhythmus der Hände.

Jedes Flamencostück setzt sich aus einer typischen Einleitung, dem überlieferten Grundthema und dessen improvisierten Veränderungen zusammen.
Die einzelnen Flamencotänze unterscheiden sich durch ihren Rhythmus und durch die Ausdruckshaltung ihrer musikalischen Grundthemen. Jeder Tanz hat etwas Dramatisches.
Er stellt Situationen aus dem Leben wie Krankheit, Einsamkeit oder Tod dar.

Das Lager am Kuckucksweg

Sinti in Kiel

Trotz monatelanger Protestaktionen der Sinti und des Kieler Kommunalvereins wurde das Sintilager Kiel/Elmschenhagen zum Kuckucksweg verlegt.

KI
AX 171

Auf dem neuen Platz stellte die Stadt 1964 ausgemusterte Eisenbahnwaggons auf.

Heute leben noch zwei Familien in Holzbaracken, die ebenfalls von der Stadt aufgestellt wurden. Die anderen Familien sind entweder aus Kiel weggezogen oder leben jetzt in verschiedenen Stadtteilen verstreut.

Alarmierende, aber auch positive Ergebnisse enthält eine Umfrage, die der „Verein der Sinti in Kiel" gemacht hat. 54 Mitglieder der Zigeuner-Volksgruppe, von denen die meisten älteren ihre Kindheit in deutschen KZs verbracht haben, wurden unter anderem nach Ausbildungsgrad, Beruf und Kenntnis der deutschen Sprache befragt.
Von den 40 Erwachsenen konnten 32 weder lesen noch schreiben. Nur drei der Jüngeren haben eine Hauptschule besucht, einer hat sie abgeschlossen. Keiner verfügt über eine Berufsausbildung. Verbreitete Ansichten über angeblich mangelnde Lernbereitschaft sieht der Verein dabei kraß widerlegt: Kein einziger der befragten Analphabeten würde sich ein entsprechendes Unterrichtsangebot entgehen lassen. Die Nichtanalphabeten äußerten alle den Wunsch nach einem Schulabschluß. Doch in der Bundesrepublik existiert kein Schulmodell für Nomadisierende (wie etwa in Großbritannien). Daher haben die meisten der Befragten nie oder nur sehr unregelmäßig eine Schule besucht. Drei von ihnen sind acht Jahre lang zur Sonderschule gegangen. Sie wurden nach Angaben des Vereins in einer Sonderklasse zusammengefaßt, in der achtjährige gemeinsam mit 15-jährigen einer Art Beschäftigungstherapie unterzogen wurden. Fazit: Nach acht Jahren können sie weder lesen noch schreiben.

Kieler Nachrichten
vom 21.10.1980

PHANTOM

Ich bin in Kiel geboren und auch meine Frau. Jeder zweite Kieler kennt mich. Die sagen, das ist Wilhelm Weiß, der Schrotthändler. Das bin ich ja auch. Ich ernähre meine Familie, meine acht Kinder als Schrotthändler. Meine Frau muß ihre Wäsche draußen waschen, sie muß sich das Wasser 40 Meter vom Haus weg holen. Im Winter müssen wir das Wasser auftauen. So können wir nicht weiterleben. Toiletten im Haus haben wir auch nicht, im Winter, bei jedem Wetter müssen die Alten und die kleinen Kinder nach draußen. Das kann nicht so weitergehen.
Die Stadt hat die Wohnungen nach ihren Interessen gebaut, nicht nach unseren. Wir haben fünf Räume und nur einen einzigen Ofen darin.

Unsere Kinder sollen das nicht mitmachen, was wir mitgemacht haben

Margarethe Gross in Kiel

Wie ich aus dem Lager herausgekommen bin, wenn ich da ein Buch geschrieben hätte, ach, das wären viele Seiten gewesen. Glauben Sie, das ist sicher. Aber man kann das nicht. Was man auch alles erzählt, das ist alles unwichtig, so war das gar nicht. Das war noch viel schlimmer.

Wie wir da ankamen, auf dem Bahnhof, da haben mich gleich die SS-Freunde in Empfang genommen mit Hunden und Schlägen. Das war das Erste. Wir hatten ja nicht vor den SS-Leuten Angst, sondern wir hatten vor den Hunden Angst. Das waren große Schäferhunde. So kamen wir nach Ravensbrück. Wo wir hinkamen, mußten wir uns erst ausziehen, dann haben sie uns den Kopf untersucht nach Läusen. Gott sei Dank hatte ich ja keine, da habe ich die Haare behalten.

Ich war am Krematorium. Da waren zwei Öfen, und dann mußten wir die Asche wegbringen. Wir wußten ja zuerst nicht, was das ist.

Die schwerste Arbeit haben wir verrichtet. Mit Spick und Schaufel sind wir ausgerückt, jeden Tag ab morgens früh. Und dann der Hunger, der im Lager war, das war noch das Schlimmste. Ich habe vor Hunger geweint. Ich wollte ja noch mal rauskommen wegen meiner Kinder, das war mir die Hauptsache. Dann sind wir doch nach Hause gekommen. Ich war die einzige, die rausgekommen ist. Die anderen sind alle vernichtet.

Alle fünf Kinder sind nach Auschwitz gekommen. Ich wollte gerne bei meinen Kindern bleiben, aber sie haben mich vorher weggebracht.

Die Kinder, ich habe sie nicht mehr gesehen. Die sind alle umgekommen im Lager. Ich wäre froh gewesen, wenn wenigstens ein Kind überlebt hätte. Die

sind alle weggeblieben – umgekommen. Die Kleinste, die fünf Jahre alt gewesen ist, denken Sie sich mal, so'n Kind, ich habe sie auch nicht wiedergesehen. Die fehlen mir, kann ich Ihnen gar nicht sagen.
Wir waren immer seßhaft, auch vor dem Krieg. Sehen Sie mal, ich bin doch in die Schule gegangen. Ich kann lesen und schreiben. Im Lager habe ich jeden Sonntag für unsere Leute geschrieben. Wenn sie Briefe gekriegt haben ins Lager, da wurde ja alles Wichtige rausgeschnitten, da haben wir ja bloß so ein paar Teile gekriegt. Und das war nix! Ich habe auch nicht gedacht, daß ich da lebendig noch einmal rauskomme, das habe ich mir nicht vorgestellt.
Als ich wieder zu Hause war, da sagte meine Schwester: „Geh doch mal ein bißchen 'raus!" Da sagte ich: „Nein, ich kann keinen Deutschen sehen". Wenn einer geklingelt hat, da stand ich schon vorne mit dem Besen: „Wenn welche reinkommen, dann schlag' ich sie kaputt". Dann, mit der Zeit, habe ich mich daran gewöhnt. Die sind nicht alle so. Man kann die nicht über einen Kamm scheren. Das geht ja auch nicht. Man muß mit den Leuten reden. Ob das Sinti sind oder Deutsche, das ist doch egal.
Wissen Sie was, die Leute vom Kieler Sintiverband haben doch gesagt, daß nun viele nach Auschwitz reisen sollen. Das möchte ich noch einmal erleben, da möchte ich gerne mitmachen, möchte ich die Stätten sehen. Schon als ich aus dem Lager herauskam, da habe ich immer gesagt, ich fahre mal nach Auschwitz. Ich seh' mir das an. Aber ich kann das nicht. Ich bin zu krank dafür. Ich habe den Film vom Lager gesehen. Ich habe mich totgeweint. Ich konnte das nicht ansehen. Ich möchte das gerne machen, aber wenn ich da hinkomme, da weine ich mich tot. Ich wohne jetzt seit vier Jahren bei meiner Nichte, die sorgt für mich. Eine schöne Wohnung – aber sie ist viel zu klein, mit zwei Kindern, meiner Nichte und mir. Meine Nichte schläft bei den Kindern auf der Erde, das geht ja nicht. Sie kämpft schon so lange um eine Wohnung, aber sie kriegt keine Wohnung!

Ich kann nicht schreiben, aber meine Kinder sollen es lernen

Schon vor der Schulzeit fängt es an.
Als Zigeuner bist du immer schlechter dran.
Da giltst du schon von vornherein
Als ein dummes faules Schwein.
Ein Zigeuner muß so sein.

Duo Z

gestern
LASSEN SIE SICH
IHRE
ZUKUNFT SAGEN
KOMMEN SIE ZU MIR

Das ist unser Bahnwagen Marko
so haben wir Sinti
gelebt,

Über die Hälfte der Sinti sind Analphabeten. Es gibt weder ein Unterrichtsprogramm für nomadisierende Sinti, noch werden Mentalität und Tradition der Sinti-Kinder in den Schulen berücksichtigt. Durch ein intensives Unterrichtsprogramm muß die hohe Analphabetenrate unter den Sinti beseitigt werden. Lehrer müssen über Mentalität und Tradition der Sinti unterrichtet werden, um auf die besonderen Bedürfnisse der Kinder eingehen zu können. Die Schulkinder benötigen in den ersten Schuljahren eine zusätzliche Betreuung, um die sprachlichen Schwierigkeiten zu überbrücken und um ihnen bei der Eingliederung in das Schulsystem behilflich zu sein, damit ihnen der Weg in die Sonderschule erspart bleibt.
Aus der Satzung des Sintiverbandes Kiel

Die Textaussage auf dieser Seite, bezieht sich nicht auf das dargestellte Mädchen.

Die Vorurteile gegenüber uns Sinti bestehen immer noch, unsere Kinder bekommen sie heute noch tagtäglich in den Schulen zu spüren. Das sieht so aus: Wenn unsere Kinder in der Schule sind, sitzen sie meist in der letzten Bank. Wenn ein Kugelschreiber oder das Butterbrot fehlt, dann wird oft gesagt, das waren die „Zigeunerkinder".

Wenn meine Tochter mal zu spät zur Schule kam, mochte sie gar nicht mehr hingehen, weil die Lehrerin sie immer so mißhandelt hat, weil sie Zigeunerin war. Sie konnte ja abends kaum noch schlafen. Sie hat geheult, fantasiert und alles. Sie mochte ja kaum noch zur Schule gehen. Die war seelisch schon fertig, meine Kleine. Das konnte ich nicht zulassen. Da habe ich sie abgemeldet von der Schule. Auf der Sonderschule wird sie anerkannt. Da ist sie die Beste in der Klasse, und die Lehrerin ist wunderbar. Die Sonderschule macht sie dann zu Ende, und dann will sie sehen, daß sie ihren Volksschulabschluß kriegt. Irgendwie für eine Lehre später, damit sie das einmal ein bißchen besser hat als ich.

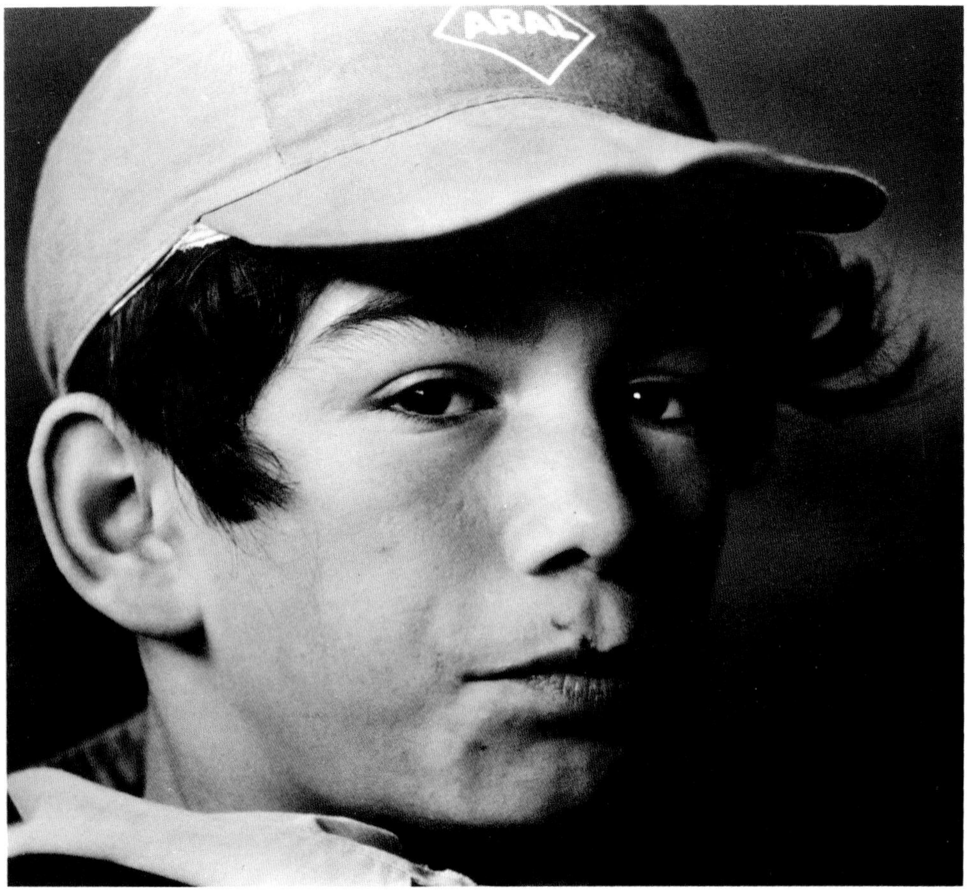

Das ist die Baracke von uns.
Im Zigeunerlager ist es sehr
Dreckig, und auserdem müßen wir im Winter
das Wasser von draußen holen.
Und im Winter ist es sehr kalt in den Baracken, weil
wir keine heizung haben.

ich bin Carmen
wir Zigeunner wollen
zu frieden leben und
frei sein wir sind gewönt
auf reisen zu sein wir
Zigeunner wollen auch
mit den Deutschen
kontakt haben
genau so kontakt wie
die Deutschen mit den
Deutschen kontakt
haben.

das ist Mein stitil

von carmen Weiß 8 Jahre
alt

. . . für mein Volk arbeiten

Ranco Brandtner aus Ulm

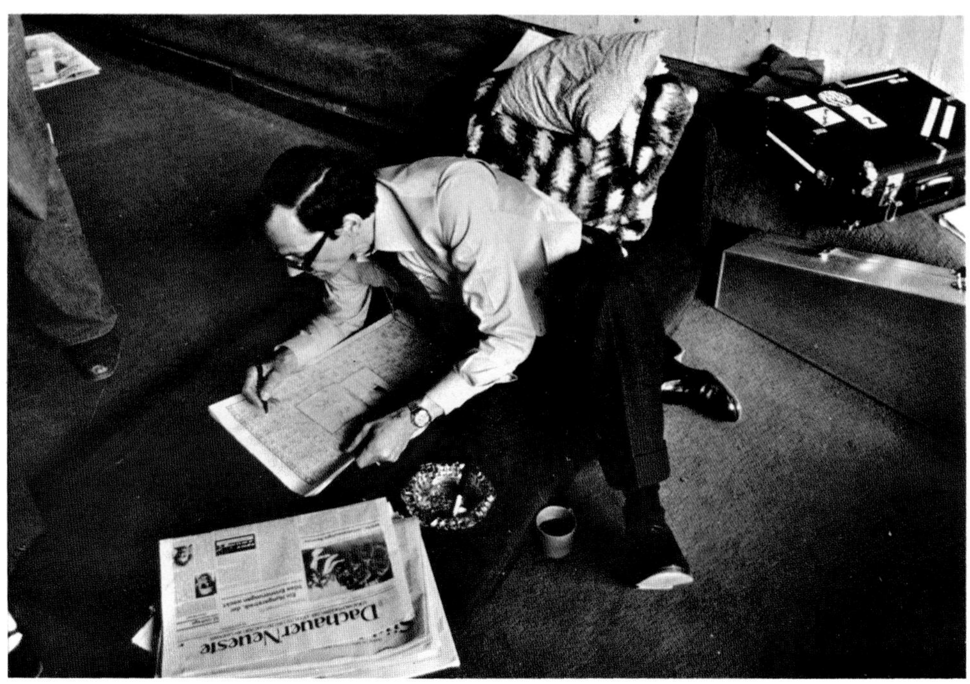

Seit elf Jahren arbeite ich in der Anzeigenannahme einer größeren Zeitschrift. Früher habe ich Musik studiert, heute mache ich Musik nur noch in meiner Freizeit. Daß ich meinen jetzigen Beruf ausüben kann, verdanke ich meinem Vater. Er hat nämlich zu Recht erkannt, daß wir Kinder nach dem Krieg etwas lernen mußten. Er hat mich die Handelsschule besuchen lassen.

Mein Vater hat in seiner Jugend mit seinen Geschwistern Musik in Caféhäusern gemacht, zum Tanz gespielt. Sie haben in Österreich und später in Deutschland gespielt. Später fing mein Vater in einem größeren Hotel als Kapellmeister an. Dort war er tätig, bis er Berufsverbot bekam, nach der berüchtigten Reichskristallnacht, als sogenannter „Nichtarier", als sogenannter „Zigeuner".

Vor ein paar Jahren habe ich im Fernsehen eine Sendung gesehen, in der die Sinti wieder mal so dargestellt wurden, wie sie nicht sind. Ich habe mich beim Südwestfunk beschwert. Daraufhin bekam ich die Adresse des Verbandes Deutscher Sinti. Ich wurde von ihnen eingeladen. Man erzählte mir über die Diskriminierungen der Sinti in der Bundesrepublik. Ich habe das nicht so ganz geglaubt und wollte mich selbst davon überzeugen. Daraufhin habe ich Urlaub genommen und bin durch die ganze Bundesrepublik gefahren. Ich stellte fest, daß das Leben der Sinti teilweise viel schlimmer war, als ich es erzählt bekommen hatte.

Ich habe dabei gemerkt, daß ich mich nicht raushalten darf. Ganz einfach deswegen, weil ich im Dritten Reich selbst gelitten habe.

Da ich auch in der Kirche tätig bin, habe ich mir überlegt, wenn ich für andere tätig sein kann, warum sollte ich nicht für mein Volk etwas tun. Gerade für mein Volk.

Ich habe mich dann ganz hinter die Ideen des Verbandes Deutscher Sinti gestellt. Inzwischen bin ich in dem achtköpfigen Vorstand des Verbandes. Alles, was wir für die Sinti machen, bezahlen wir aus eigener Tasche. Wir nehmen keine Mitgliedsbeiträge. Wir sind inzwischen alle verschuldet. Ich persönlich hatte über 8000,– Mark gespart. Heute habe ich 4000,– Mark Soll auf dem Konto. Ganz abgesehen davon, daß unsere Familien unter unserer Tätigkeit leiden. Wir sind fast jedes Wochenende auf Veranstaltungen, Seminaren oder Diskussionen. Deswegen ist es wichtig, daß die Regierung Organisationen wie die unsere unterstützt, damit wir arbeitsfähig bleiben können.

Die einzigen Repressalien, die ich durch meine Teilnahme am Hungerstreik in Dachau zu spüren bekam, kamen von der katholischen Kirche. Meinem Beruf hat das überhaupt nicht geschadet, ich wurde sogar noch mehr geachtet. Das Verhältnis zu meinen Arbeitskollegen und zu meinen Vorgesetzten hat sich dadurch verbessert. Aber in der Kirche war das anders.

Ich habe als überzeugter Katholik jahrelang Vorträge über religiöse Themen gehalten. Nach Dachau schwieg die Kirche. Man lud mich nicht mehr ein, nachdem ich mich öffentlich als Sinto bekannt habe. Ganz typisch dafür ist folgendes Beispiel:

Einmal wurde ich aufgefordert, bei einem Gottesdienst zu singen, zu spielen und auch die Predigt zu übernehmen. Ich habe das gemacht. Danach wurde der betreffende Priester angerufen, und man sagte ihm: „Jetzt dürfen wohl Zigeuner auch noch in der Kirche mitmachen!" Dieser Pfarrer hat geschwiegen und er hat mich nicht verteidigt. Er, der mich als seinen Freund bezeichnet. Obwohl ich immer wieder versuche, die Kirche für die Sinti zu engagieren, ist das bis jetzt alles negativ verlaufen.

Erst jetzt, nach so langer Zeit des Stillschweigens zeigen sich Anzeichen dafür, daß Kardinal Ratzinger das Versprechen wahrmacht, das er uns in Dachau gegeben hat, uns alle zu einer Audienz einzuladen. Wir wollen das Gespräch mit der Kirche, damit endlich über die sogenannte „Zigeunerseelsorge" klar und deutlich gesprochen wird. Wenn ein Herr Pfarrer Muth, den ich persönlich kenne und gegen den ich persönlich nichts habe, wenn dieser Mann mit einem Doktor Arnold zusammen arbeitet, der Sinti als „Bastarde" bezeichnet, wenn er mit Frau Sobeck zusammenarbeitet, die behauptet, Sinti könnten sich selbst nicht artikulieren, wir müßten am Gängelband geführt werden, dann muß ich sagen, daß dieser Pfarrer Muth am falschen Platz ist.

Die Politiker sollten sich ihrer Verantwortung gegenüber Minderheiten klarwerden. Viele Ausländergruppen haben Begegnungsstätten, wo sie ihre Kultur pflegen können. Bei uns in Ulm gibt es zum Beispiel ein Spanienhaus. Sie haben Häuser, wo sie sich treffen können. Uns Sinti wird das, obwohl wir deutsche Staatsbürger sind, nicht zugestanden.

Was mir am wichtigsten erscheint, ist der erste Punkt unseres Memorandums. Wir wollen endlich, daß die Politiker den begangenen Völkermord an uns öffentlich zugeben. Man muß endlich darangehen, uns ein Kulturzentrum zu befürworten, damit wir unsere Kultur und unser Brauchtum wahren können, daß wir unseren Kindern auch unsere Sprache beibringen können, denn es ist heute schon vielfach so, daß viele jüngere Sinti unsere Sprache nicht mehr sprechen können.

Erstaunt hat mich, daß auf keinem Mahnmal in den Konzentrationslagern auch nur ein Wort über den Völkermord an den Sinti steht. Der Verband Deutscher Sinti hat es durchgesetzt, daß jetzt in Bergen-Belsen eine Inschrift an unsere Toten erinnert.

Wir Sinti stehen auch heute noch allein da. Wir werden kaum unterstützt. Wir haben nur wenige Verbündete, z. B. die Gesellschaft für bedrohte Völker.

Ich habe sie alle geboxt, die ganzen Kanonen

Jakob Bamberger in Heidelberg

Vor dem Kriege hatten meine Eltern ein Wanderkino. Gleichzeitig haben wir mit Pferden gehandelt, wir Kinder waren verantwortlich dafür. Wir waren in ganz Bayern bekannt, die Familie Rose und die Familie Bamberger, die hatten ein Wanderkino, und meine Mutter, die ist noch hausieren gegangen.
Ich bin durch das Dorf geritten und habe die Filme angekündigt mit einer Klingel: „Achtung, Achtung, Achtung! Bekanntmachung! Heute abend findet im Saale Kranz eine Kinovorführung statt. Die Pausen werden ausgefüllt durch eine erstklassige Künstlerkapelle unter Leitung des Geigenkünstlers Rossetti." Das war der Vinzenz Rose. Bis 1936 hatten wir das Wanderkino, bis es nicht mehr ging, dann durften wir nicht mehr reisen. Dann wurde ein Gesetz erlassen, daß die Sinti nicht mehr reisen durften. Dadurch war uns alles unterbunden.
Schulen habe ich besucht. Ich habe gelernt, was man so lernen kann, wenn man von Ort zu Ort zieht. Lesen und schreiben kann ich schon, aber daß ich fehlerfrei schreiben kann, das glaube ich nicht. Aber reden kann ich.
Von 1937 – 1940 habe ich in Frankfurt bei der Reichsbahn gearbeitet, da habe ich auch geboxt. Das hat es noch nie gegeben in der Geschichte der Sinti, daß ein Junge weggeht von seinen Eltern, nur des Sportes halber. Da war ich zuerst in Würzburg und habe da ganz alleine unter Gadsche gelebt. Jedesmal, wenn Zigeuner durch Würzburg zogen, bin ich hinterher gelaufen. Da habe ich furchtbar darunter gelitten, von meinen Leuten getrennt zu sein.
Aber trotzdem, ich war auf den Sport versessen, also ich war richtig süchtig danach, und ich hatte auch Erfolge. Ich bin von Kampf zu Kampf immer besser geworden. Ich war 38 und 39 zweiter

„Zigeunerspezialisten" des bayerischen Landeskriminalamtes hielten in einer Akte von Vinzenz Rose fest: „Die Familie Rose zog mit 13 Personen durchs Reichsgebiet und ernährte sich von Einbrüchen und Diebstählen". Die Anschuldigungen der Gestapo wurden als Tatsachen hingestellt und übernommen, obwohl es im Strafregister der Familie Bamberger/Rose keine Eintragungen gibt, daß sie sich rechtswidrig verhalten hätten. Die Existenz der Akte und ihre Verwendung wurde bei Anfrage bestritten, sie konnte nur über den richterlichen Schriftverkehr vom Anwalt nachgewiesen werden. Obwohl das Landeskriminalamt die Akte 1963 „vernichtet" hatte, tauchte sie oder eine Kopie 1979 in Heidelberg wieder auf.

1978 erhielt Vinzenz Rose das Bundesverdienstkreuz.

deutscher Meister. Ich habe sie alle geboxt, die ganzen Kanonen. Ich habe nicht nur gegen meine Gegner boxen müssen, ich habe auch den Ringrichter gegen mich gehabt, ich war ja als Zigeuner bekannt.
Eines Tages war die Gestapo da, da wußten wir, was los war. Wenn man vorgeladen wurde, ist man weggekommen. So ist es meinem Vater ergangen, so ist es meinem Cousin ergangen und allen, die wir kannten.
Eine goldene Uhr meines Vaters habe ich geopfert, um in Berlin zu falschen Ausweispapieren zu kommen. Ich bin dann in die Tschechoslowakei geflohen. Meine Mutter und meine drei Geschwister kamen nach. Nach zwei Jahren wurde ich verhaftet und bekam 10 Monate Haft. Dabei hatte ich aus der Not heraus die falschen Papiere besorgt und nicht, um ein Verbrechen zu decken. Das war meine einzige Vorstrafe. Danach kam ich ins KZ.
Aus der KZ-Zeit habe ich eine Schrumpfniere bekommen. Ich hatte meine Schippe bei einem Waldkommando vergessen. Wegen Arbeitssabotage bekam ich 25 Stockhiebe. Ich wurde über den Bock geschnallt, die Hose wurde heruntergelassen. Dann hat man fest geschlagen. Da haben sie nicht so darauf geachtet, ob man das Gesäß oder den Rücken getroffen hat.
Erst 1967 hat ein Arzt die eine Niere herausgenommen, danach hatte ich nicht mehr so irre Schmerzen. Vorher war ich jedes Jahr im Krankenhaus, bin drei- oder viermal operiert worden. Schon in Dachau hatte ich die Schmerzen, habe aber nichts gesagt, habe mich immer zum Arbeitseinsatz gemeldet. Wir haben ja gesehen, was sie mit den Leuten gemacht haben, die nicht mehr arbeitsfähig waren, daß die vergast wurden, die kamen ja nicht mehr zurück.
Nach dem Krieg habe ich wieder geboxt, bis ich über 40 Jahre alt war. 1946 habe ich meine Frau geheiratet. Wir konnten keine Kinder bekommen, weil ich sterilisiert worden bin. Drei Jahre später starb sie an den Auswirkungen des KZs. Jetzt bin ich ganz allein. Wenn ihr nicht da seid, starre ich in den Fernseher, bis es dunkel wird.

**1939 war Jakob Bamberger zweiter deutscher Boxmeister.
Er war einer der Ersten, der sich für die Anerkennung der Sinti eingesetzt hat. In Dachau beteiligte er sich am Hungerstreik in dem gleichen KZ, in dem er durch Prügelfolter und Meerwasserversuche fast umgebracht worden ist.**

Lehnt euch nicht auf! ... man muß sich halt so anpassen, daß man nicht auffällt

Viele Sintifamilien haben die Einwilligung zur Veröffentlichung ihrer Fotografien und Aussagen zurückgezogen, weil sie sich in ihrer Existenz bedroht fühlen, wenn sie sich als Sinti zu erkennen geben.

... wenn ich irgendwo hinkomme, wo ich nicht so bekannt bin und stelle mich vor, werde ich erstklassig behandelt und aufgenommen. Aber sobald es 'rauskommt, daß ich Zigeuner bin, ist alles vorbei. Ich versuche möglichst nicht zu sagen, daß ich Zigeuner bin, weil ich dann besser behandelt werde. Dann werde ich als Mensch behandelt.

Meine Chefin ist sonst sehr tolerant gegenüber Ausländern, aber Zigeuner, nein, die will sie nicht haben. Da muß man sich halt als was anderes ausgeben, als man ist. Glauben Sie ja, daß man da oft in seinem Stolz verletzt ist. Man ist doch auch Deutscher. Warum kann man nicht sagen, ich bin Sinto, und wird dann akzeptiert?

Die älteren Zigeuner, die waren ja im Konzentrationslager. Die denken, wenn ich mich auflehne gegen die Stadt, wird das wieder passieren. Wenn ich meine Adresse angebe, kann das wieder passieren, daß die irgendwie wieder was gegen uns vornehmen, damit wir wieder ins Lager kommen. Wir haben das ja mitgekriegt. Unsere Eltern haben uns da viel erzählt über Konzentrationslager. Und dann haben sie auch gesagt: Lehnt euch nicht auf!

ROM=MENSCH

ENSCH
WERT

Wir fordern unser Recht

Bürgerrechtsbewegung der Sinti:
Kundgebung in Bergen-Belsen
Memorandum des Verbandes Deutscher Sinti
Hungerstreik in Dachau
Seminare und Musikveranstaltungen in Hamburg und Kiel

Die „Roma Welt Union“, der „Verband Deutscher Sinti“ und die „Gesellschaft für bedrohte Völker“ veranstalteten am 27. 10. 1979 eine Gedenkfeier und Kundgebung im ehemaligen Konzentrationslager Bergen-Belsen bei Celle. Sie forderten die Beendigung der Ungerechtigkeiten gegenüber den Roma und gleiche Behandlung wie andere deutsche Bürger. Diese Kundgebung war das erste gemeinsame öffentliche Auftreten der Sinti in der Bundesrepublik.

Dr. Jan Cibula, Präsident der Romani-Union, forderte die Sinti und Roma auf, nicht mehr im Abseits stehenzubleiben und endlich ihr Schicksal in die eigene Hand zu nehmen.

Vinzenz Rose, Vorsitzender des Verbandes Deutscher Sinti, forderte die Bundesregierung auf, den Tatbestand des Völkermordes an den Sinti endlich anzuerkennen.

Simone Veil, die Präsidentin des Europaparlamentes, erklärte sich mit den Sinti und Roma solidarisch. Sie selbst war als Kind im KZ Bergen-Belsen inhaftiert, ihre Mutter wurde hier von den Nazis ermordet.

Zu Ehren der Opfer im Dritten Reich wurden Kränze am Mahnmal niedergelegt.

Memorandum des Verbandes Deutscher Sinti an die Bundesregierung und die Regierungen der Länder

Wenigstens eine halbe Million europäischer Roma fielen der Rassenpolitik des Dritten Reiches zum Opfer. Sie sind in den Konzentrationslagern verhungert, wurden vergast oder erschossen. Zehntausende starben auch durch Deportationen oder die Erschießungskommandos außerhalb der Konzentrationslager in vielen Teilen des nationalsozialistisch besetzten Europa.
Dieser Völkermord ist auch 34 Jahre nach Kriegsende in der deutschen Öffentlichkeit weitgehend unbekannt geblieben. Die Roma verfügen über keine nationale und internationale Lobby, die die Bekanntmachung und die Verurteilung dieses Völkermordes und eine glaubwürdige Wiedergutmachung durchsetzen konnte. Niemals hat eine deutsche Bundesregierung – von Adenauer bis Schmidt – die Nazi-Verbrechen an den Roma öffentlich bekanntgemacht und bedauert.
Die Diskriminierung der deutschen und nach Deutschland geflüchteten Roma aus Osteuropa fand aber auch nach 1945 in der Bundesrepublik kein Ende. Die Arbeit der in Bayern wirkenden, bei der Bayerischen Kriminalpolizei eingerichteten „Landfahrerzentrale", die (in der Nachfolge zur NS-Zigeunerzentrale) persönliche Daten deutscher Roma sammelte und 1970 angeblich aufgelöst wurde, stellte ebenso eine Verletzung des Grundgesetzes dar, wie die Bayerische Landfahrerordnung von 1953.
Der deutsche Bundesgerichtshof erklärte 1956 die Zigeunerverfolgung zwischen 1933 und 1943 für nicht rassistisch, sondern für kriminalpräventiv, und behinderte so jahrelang eine angemessene Wiedergutmachung. Ungezählten deutschen Zigeunern, deren Familien z. T. seit Jahrhunderten in Deutschland ansässig sind, wurde die deutsche Staatsbürgerschaft von deutschen Behörden nach 1945 entzogen. Deutsche Roma mußten auch nach 1945 zahlreiche Diskriminierungen durch Presse, Behörden, Stadtverwaltungen und die Justiz erfahren.
Wir halten deshalb folgende Schritte in der Bundesrepublik Deutschland für erforderlich:
1. Stellvertretend für die Bundesrepublik Deutschland muß die Bundesregierung eine Erklärung abgeben, die den Tatbestand des Völkermords, begangen vom Dritten Reich an den europäischen Roma, anerkennt. Die Bundesregierung muß sich verpflichten, eine besondere Verantwortung für den überlebenden Teil des Volkes der Sinti und Roma zu übernehmen, wie sie auch die besondere Beziehung zum jüdischen Volk anerkannt hat. Analog zur materiellen Wiedergutmachung am jüdischen Volk, die neben der individuellen Wiedergutmachung eine Blockentschädigung an den Staat Israel vorsah, muß auch den in Europa lebenden Sinti und Roma eine Blockentschädigung geleistet werden. Der Einzelne soll eine individuelle Wiedergutmachung für die erlittenen Qualen erhalten.
Das Geld aus der Globalentschädigung soll projektgebunden eingesetzt und von der Bundesregierung verwaltet werden. Es soll nicht an einzelne Verbände ausgezahlt werden. Dieses Geld soll der nachwachsenden Sinti- und Romageneration zugute kommen, die zu der wohl unterprivilegiertesten europäischen Volksgruppe überhaupt gehört. Angesichts der bisherigen, weitgehend wider die Gutmachung gerichteten „Wiedergutmachungspolitik" müssen die abgelaufenen Anspruchsfristen für individuelle Wiedergutmachung ausgesetzt und die noch lebenden Sinti- und Roma-NS-Opfer endlich ihrem Schicksal angemessen entschädigt werden.
2. Die Bundesregierung soll sofort eine Kommission einsetzen, die die Staatsangehörigkeitssituation der in der Bundesrepublik lebenden Roma überprüft, damit Schritte eingeleitet werden, daß deutsche Roma, denen das Dritte Reich oder die Bundesregierung die Staatsangehörigkeit entzog, diese umgehend zurückerhalten können. Die Bundesregierung wird aufgefordert, seit längerem in der Bundesrepublik lebenden oder nach dem Krieg in die Bundesrepublik geflüchteten osteuropäischen Roma die deutsche Staatsangehörigkeit zu gewähren.
3. Die Bundesregierung wird aufgefor-

Die Sinti faßten ihre Forderungen in einem Memorandum zusammen, das der Bundesregierung am 2. 11. 1979 von einer internationalen Delegation der „Roma Welt Union" und des „Verbandes Deutscher Sinti" übergeben wurde.

dert, Bundes- und Landesgesetze sowie Gemeindeverordnungen nach Bestimmungen zu untersuchen, die Roma diskriminieren. Die Bundesregierung wird aufgefordert, die Tätigkeit der angeblich 1970 geschlossenen „Bayerischen Landfahrerzentrale", die bei den Landesent-1970 geschlossenen bayerischen „Landfahrerzentrale", die bei den Landesentschädigungsämtern negativen Einfluß auf Wiedergutmachungsverfahren genommen hat, aufzudecken sowie etwaige Verbindungen zu entsprechenden Stellen der NS- und Weimarer Zeit zu enthüllen und deren gesammelte Akten ins Bundesarchiv nach Koblenz zu überführen.

4. Die Bundesregierung und die Länder sollen dafür sorgen, daß die Vernichtung der europäischen Roma als Thema in den Geschichtsunterricht einbezogen wird und die Erforschung des Schicksals der Roma in der NS-Zeit gefördert wird.

5. Die Bundesregierung und die Länder sollen Zusammenschlüsse und kulturelle Aktivitäten deutscher Sinti und Roma als ethnische Minderheit mit eigener Sprache, Kultur und Tradition fördern und die Sinti und Roma als seit Jahrhunderten in Deutschland lebende Volksgruppe anerkennen. Diese Anerkennung würde keine Sonderstellung begründen, sondern, wie im Falle der Anerkennung der dänischen Minderheit in Südschleswig, einer Volksgruppe Möglichkeiten gewähren, die die deutsche Mehrheitsbevölkerung als Selbstverständlichkeit genießt.

6. Schließlich soll die Bundesregierung gemeinsam mit den Ländern ein Wohnungsbauprogramm für bedürftige deutsche Roma finanzieren, das sich in Absprache mit ihnen an ihren kulturellen Traditionen orientiert. Derartige Programme sollten einerseits keinen Gettocharakter haben, andererseits das Bedürfnis der Sinti und Roma auf Kommunikation respektieren.

7. Schließlich soll die Bundesrepublik Deutschland endlich die Empfehlungen des Europarates für die „Zigeuner und andere Nomaden" aus dem Jahre 1969 verwirklichen:

a) die Verunglimpfung der Roma in der Verwaltungspraxis abzuschaffen,

b) die erforderlichen Wohnwagenplätze, ausgestattet mit sanitären Anlagen und Gemeinschaftseinrichtungen, für Roma zu schaffen,

c) Schulmöglichkeiten zu schaffen, die der Lebensweise nomadisierender Roma angemessen sind,

d) Berufsausbildungsmöglichkeiten zu schaffen,

e) Organe einzurichten, in denen neben Vertretern der Regierung Vertreter der nomadisierenden Roma sitzen, die an der Vorbereitung von Maßnahmen zur Verbesserung ihrer Lage beteiligt sind,

f) Gesetze so zu ergänzen, daß Fahrende die gleiche soziale Sicherheit und Gesundheitsfürsorge wie Ansässige erhalten.

8. Die Bundesrepublik und die Länder sollen dafür sorgen, daß deutsche und europäische Roma auf deutschen Campingplätzen Zutritt haben und der weithin praktizierte Rassismus, Roma den Zutritt zu Campingplätzen zu verwehren, ein Ende findet.

9. In allen Ausschüssen und Institutionen, in denen Entscheidungen über Roma getroffen werden, sollen Angehörige dieser Volksgruppe paritätisch beteiligt sein.

Für den Verband Deutscher Sinti:
Vinzenz Rose
Klaus Norbert Herzog, Neustadt
Romani Rose, Plankstadt

In der Osterwoche 1980 traten 11 Sinti im ehemaligen KZ Dachau in einen unbegrenzten Hungerstreik.
Zuvor fand am Karfreitag eine Gedenkfeier mit anschließendem ökumenischen Gottesdienst statt. Die Vertreter der Sintiorganisationen gedachten der Opfer ihres Volkes. Sie forderten die offizielle Anerkennung ihrer Leiden in den Konzentrationslagern und eine moralische Wiedergutmachung. Es ging ihnen in erster Linie um Anerkennung als Volk, um Gleichberechtigung in unserem Land. Der Gottesdienst wurde mit einer Kranzniederlegung zum Gedächtnis der ermordeten Sinti am Ehrenmal abgeschlossen.

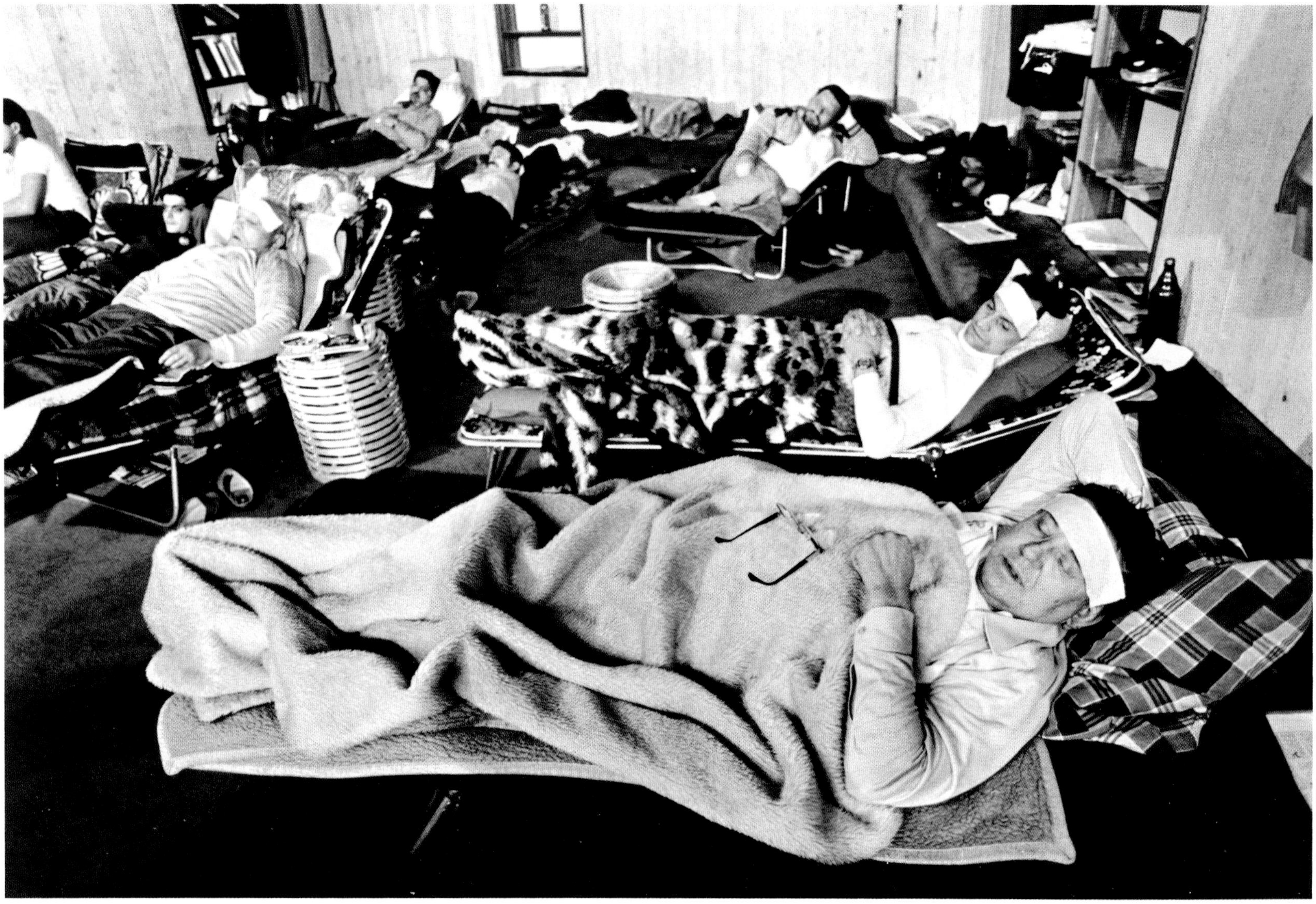

Die Teilnehmer des Hungerstreiks im ehemaligen KZ Dachau: Friedrich Schopper aus Fürth, Brala Ernst aus Mannheim, Anton Franz aus Mannheim, Romani Rose aus Oftersheim bei Heidelberg, Ranco Brandtner aus Ulm, Franz Wirbel aus Augsburg, Hans Braun aus Baden-Baden, Wallani Georg aus Darmstadt, Dronja Peter aus Mannheim, Pepi Schopper aus Fürth, Uta Horstmann, Sozialarbeiterin aus München und Jakob Bamberger aus Oftersheim.
Sie forderten vom bayerischen Innenministerium eine Auskunft über den Verbleib der Akten der Landfahrerzentrale.
Die diskriminierenden Akten der Landfahrerzentrale, die sich auch auf Unterlagen der Zigeunerzentrale aus dem Dritten Reich stützte, dienten bis in die Gegenwart der Polizei als Grundlage ihrer Ermittlungen und ihrer Verhaltensweise gegenüber den Sinti.

Jakob Bamberger:
1943 wurde ich ins KZ Dachau verschleppt. Dort mußten sämtliche Häftlinge auf dem Paradeplatz antreten. Da wurden von den Ärzten die kräftigsten Menschen herausgesucht. Bei Meerwasserversuchen sollte festgestellt werden, wie lange sich abgeschossene deutsche Piloten von Meerwasser erhalten konnten. Deshalb die Versuche. Im KZ hat man ja genug Menschen gehabt. Viermal am Tag mußten wir je einen Viertelliter Meerwasser trinken. Das Wasser kam vom Schwarzen Meer, das ist mit das salzhaltigste Wasser der Erde. Viele Menschen brachen schon nach ein paar Tagen zusammen. Ich selbst konnte die Versuche 18 Tage aushalten.
Bei den Transporten in die verschiedenen Konzentrationslager haben wir oft tagelang nichts zu essen gekriegt. Wir haben da alles gegessen, Gras und faule Pilze. Du hast dich gebückt und in den Mund gesteckt, was du gegriffen hast.
Später bin ich nach Buchenwald gekommen. Dort habe ich meinen Vater nach sechs Jahren wiedergetroffen. Ganz am Schluß, so 45, wollten sie uns noch nach Auschwitz bringen, wollten sie uns noch wegmachen, verstehst du. In der Zwischenzeit kam der Amerikaner, der hat uns befreit. Da ist mein Vater hingefallen auf den Boden und hat die Erde geküßt.

Romani Rose:
Ein Dreivierteljahr vor dem Hungerstreik in Dachau haben wir das bayerische Innenministerium aufgefordert, uns öffentlich zu rehabilitieren und sich von der gezielten, rassischen Volksverhetzung in Polizeizeitungen und den Sondergesetzen der Landfahrerordnung zu distanzieren.
Denn nur auf diese Weise können die vom Bayerischen Landeskriminalamt ins Bundesgebiet ausgesandten und rassistisch diffamierenden Aktenauskünfte ihrer auch heute noch anhaltenden folgenschweren Wirkung entzogen werden. Es geht nicht mehr an, daß heute noch Sinti von der Polizei mit vorgehaltenen Maschinenpistolen und Hunden unter fadenscheinigen Begründungen nach den alten, unter NS-Ideologie entstandenen Anweisungen aus dem Bayerischen Landeskriminalamt sonderbehandelt und erkennungsdienstlich familienweise erfaßt werden.
Nachdem unsere Forderungen abgelehnt wurden, haben wir das Mittel des Hungerstreiks angewandt. Wir wollen keine Gewalt, sondern darauf aufmerksam machen, daß wir endlich unser Recht wollen, daß wir nicht länger stillschweigend das Unrecht hinnehmen. Vergangenheitsbewältigung ist nur dann glaubhaft, wenn sie dem Starken wie dem Schwachen gewährt wird.
Wir Sinti waren in den Jahren nach dem Krieg verängstigt und mißtrauisch. Wir haben uns nur auf uns selbst konzentriert. Dieser Hungerstreik sollte endlich das widerstandslose Erdulden des Unrechts gegen uns Sinti durchbrechen. Das war für uns ein Höhepunkt nach 35 Jahren Unterdrückung.
Ältere Sinti, die damals als Häftlinge im Konzentrationslager litten, waren bereit, noch einmal dahin zurückzugehen, über Nacht da zu bleiben, zu hungern, mit der Vergangenheit so nah konfrontiert zu werden.

Am siebten Tag des Hungerstreiks gaben der Erzbischof von München und Freising, Kardinal Ratzinger, und der Landesbischof der evangelisch-lutherischen Kirche in Bayern, Hanselmann, eine gemeinsame Stellungnahme ab. In dem Schreiben heißt es: „In Wahrnehmung unseres Auftrages, um die menschliche Würde besorgt zu sein, sind wir gegen Diskriminierung der Sinti". Die Kirche wollte alles tun, um Vorurteile und Ungerechtigkeiten abbauen zu helfen.

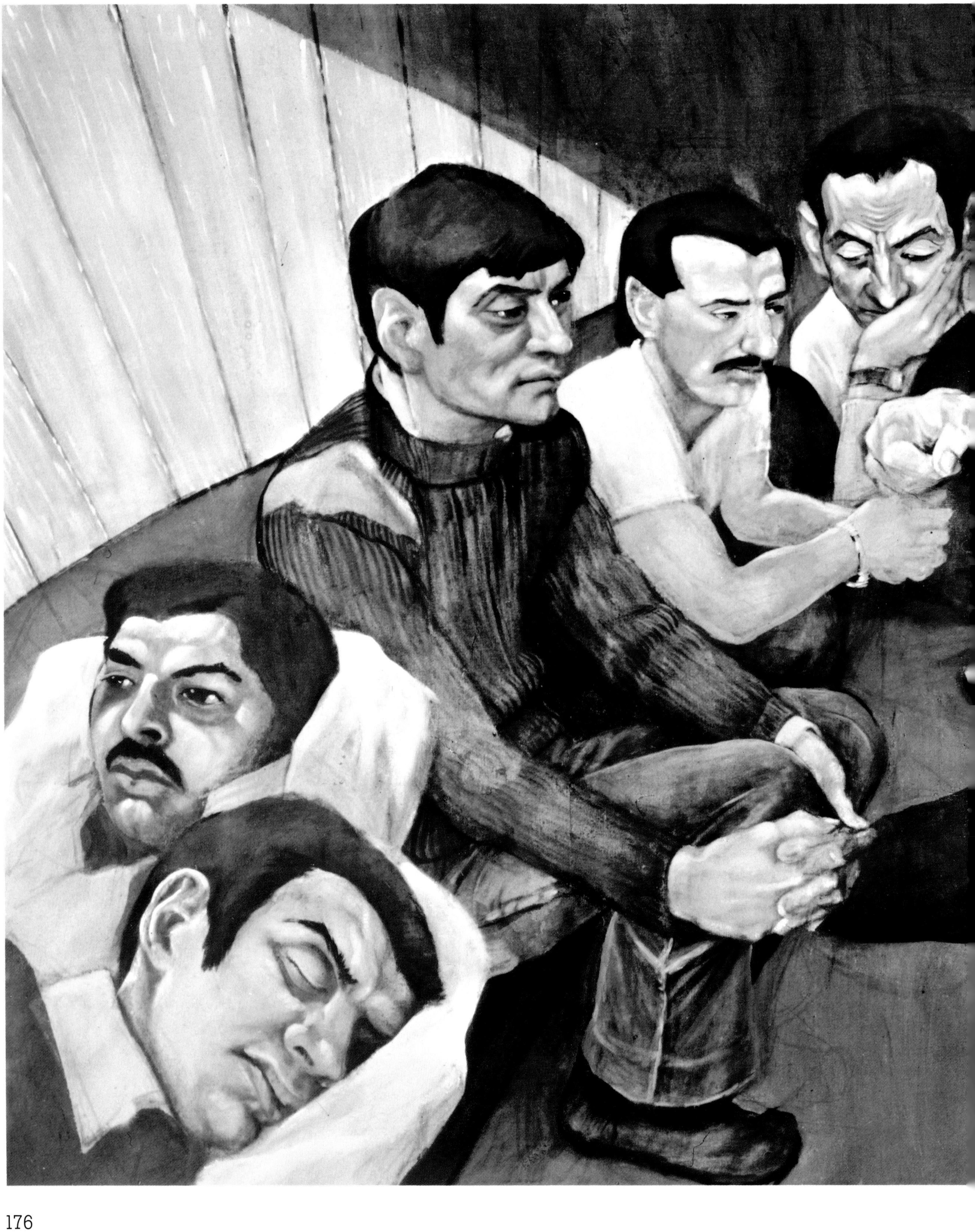

Ich sehe in dem Bild ganz einfach die gesamte Lage, wie sie in dem Hungerstreik auch wirklich war, daß wir uns zusammengefunden haben. Jeder hat in seinem Gesicht die ganze Ernsthaftigkeit der Situation. Als wenn jemand mit dem Hammer alles an Fassade von uns abgeschlagen hätte. Übriggeblieben sind wir.

Romani Rose

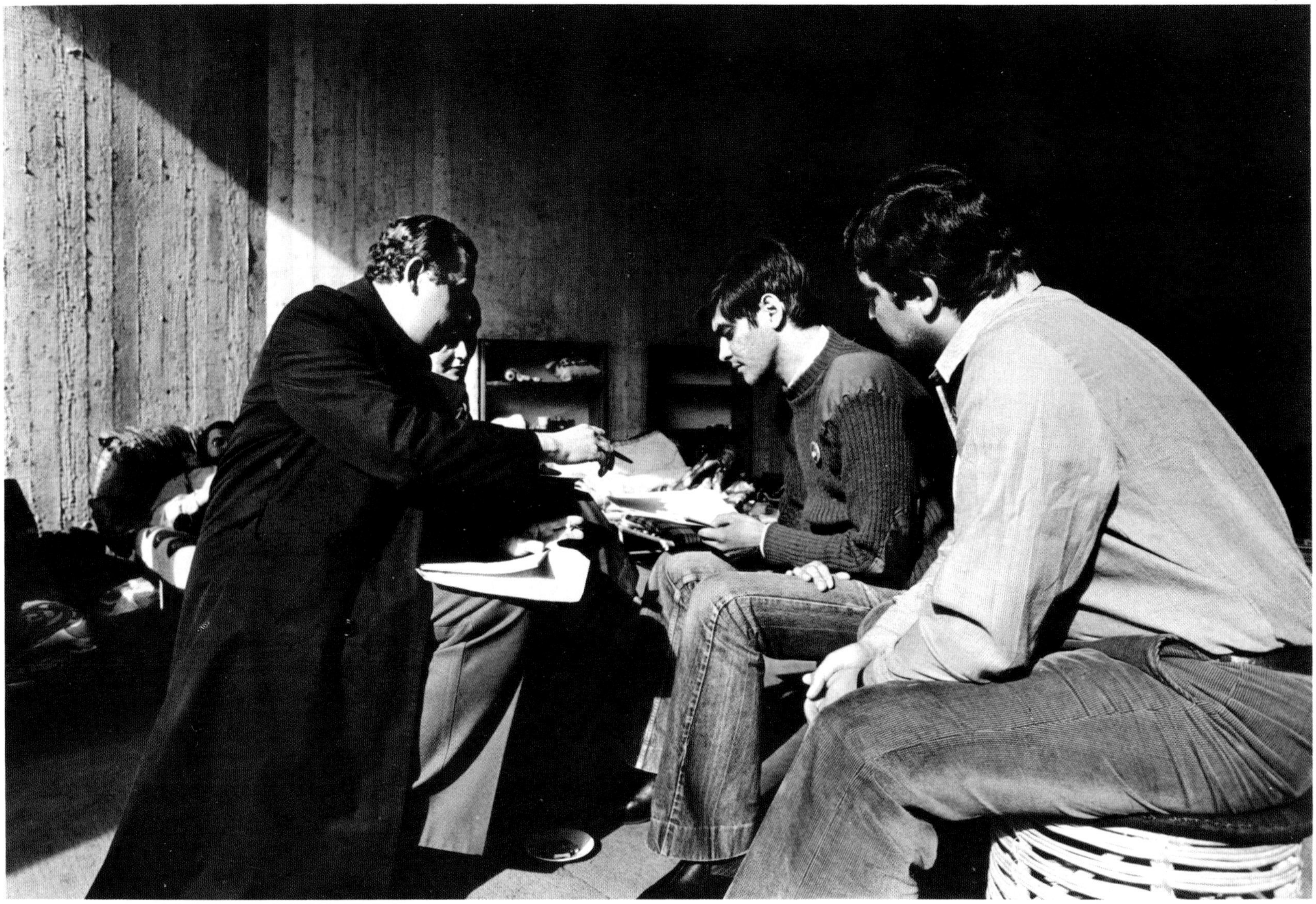

Am Freitagabend, nach einer Woche Hungerstreik, verhandelte Romani Rose im bayerischen Innenministerium mit Staatssekretär Neubauer und Vertretern der drei Landtagsfraktionen. Nach einer sechsstündigen Verhandlung sagte das Innenministerium den Sinti seine Unterstützung beim Abbau der Diskriminierungen zu. In einer Erklärung zum Ende des Hungerstreiks stellten die Sinti fest, daß bei den Verhandlungen eine Kompromißformel gefunden worden sei, welche die diskriminierenden Auswirkungen der Landfahrerzentrale gegenüber den Sinti bestätigte. Zu einer endgültigen Distanzierung konnte sich das bayerische Innenministerium allerdings nicht durchringen. Seine Unterstützung sagte auch der Bundesjustizminister Vogel bei seinem Besuch in Dachau zu.

Wir fordern Globalentschädigung – wir fordern ein Kulturzentrum
Romani Rose:

Wir müssen unsere Kinder ausbilden können. Dazu fordern wir von der Bundesregierung eine Globalentschädigung, wie sie auch die Juden zum Aufbau ihres Staates bekommen haben.
Der Einzelne soll eine individuelle Wiedergutmachung für die erlittenen Qualen erhalten. Das Geld aus der Globalentschädigung soll projektgebunden eingesetzt und von der Bundesregierung verwaltet werden. Es soll nicht an einzelne Verbände ausgezahlt werden. Dieses Geld soll der nachwachsenden Sinti- und Romageneration zugute kommen, die wohl zu der unterpriviligiertesten europäischen Volksgruppe überhaupt gehört.

Im November 1980 erhielt der Verband Deutscher Sinti für die Durchführung des Hungerstreiks im ehemaligen KZ Dachau, den Shalompreis von der internationalen katholischen Friedensbewegung „Pax Christi" und der evangelischen Friedensgemeinschaft „Dienst für den Frieden".

Der Verband Deutscher Sinti hat eine Projektvorlage erarbeitet, welche die wesentlichen Forderungen zusammenfaßt. Bisher hat sich noch keine Stadt bereit gefunden, das darin geplante Kulturzentrum aufzunehmen.

Besonders begabte Sinti-Kinder und -Jugendliche sollen in ihren musischen und künstlerischen Neigungen gefördert werden und Berufe wie Geigen- oder Klaviersolisten, Restaurateure, Kunstschreiner und Instrumentenbauer erlernen können.

Diese Abteilung soll jugendliche Sinti auch so weit in ihren Begabungen fördern, um ihnen erfolgreiche Laufbahnen über Musik- und Kunsthochschulen zu ermöglichen.

Sinti sollen als Journalisten und Autoren ausgebildet werden, damit sie über ihre Probleme und die sie betreffende alltägliche Politik in den Medien selbst berichten können.

Sinti sollen als Rechts- und Sozialberater ausgebildet werden, damit sie in Behörden und anderen öffentlichen Einrichtungen Funktionen übernehmen, um Sinti in ihren sozialen und rechtlichen Anliegen verstehen, beraten und unterstützen zu können.

Um künftig die Anliegen ihres Volkes im politischen Alltag vertreten und den Dialog mit Behörden der verschiedenen Ebenen direkter führen zu können, sollen Sinti aller Altersstufen für diese Bürgerrechtsarbeit geschult werden.

Das Kulturzentrum soll eine eigene Dokumentationsabteilung erhalten mit folgenden Aufgaben:

Erforschung der geschichtlichen Entwicklung der Sinti und des NS-Völkermordes;

Erhaltung der Kultur und der sprachlichen Überlieferung.

Dem Kulturzentrum soll eine Begegnungsstätte angeschlossen werden.

Das Musikfest der Zigeuner
Das Musikfest der Zigeuner
VORVERKAUF
HIER!
Das Musikfest der Zigeuner
Das Musikfest der Zigeuner

Schon immer sind Sinti zu großen Familientreffen zusammengekommen. Hier wurden Erfahrungen ausgetauscht, hier wurde die besondere Familien- und Musikkultur der Sinti gepflegt.
Seit der Gedenkkundgebung in Bergen-Belsen und dem Hungerstreik in Dachau haben sich neue Verbände in Bremen, Hamburg, Kiel, Berlin, Osnabrück, Freiburg und anderen Städten gebildet. Diese veranstalten regionale und überregionale Versammlungen und Informationsveranstaltungen, die politische Forderungen, Diskussionen mit Politikern, Musik und Ausstellungen der Öffentlichkeit vermitteln.
An dem Musikfestival in Hamburg im Oktober 1980 nahmen zahlreiche Gruppen teil.

Der Sologitarrist Bireli Lagrene ist mit 14 Jahren Bandleader des gleichnamigen Ensembles.

An der Podiumsdiskussion in Hamburg nahmen teil: Roma und Sinti Union e.V., Hamburg, Diskussionsleitung,
Sinti Union, Berlin,
Sinti Union, Freiburg,
Verband Deutscher Sinti, Baden-Baden,
Gesellschaft für bedrohte Völker, Göttingen,
Verein zur Durchsetzung der Rechte der Zigeuner aus Bremen und Kiel,
Duo Z,
Wolf Biermann,
außerdem Vertreter verschiedener Parteien und Behörden.

Eine Sintiza aus Hamburg:
Ich möchte gerne ein paar Fragen stellen. Ich bin auch eine Zigeunerin. Ich verstehe nichts von Politik und viel weniger verstehe ich das ganze Hin und Her.
Es ist so, daß die Zigeuner Angst vor Behörden haben, denn immer wieder sind es die Behörden, die uns zurückgewiesen haben, die uns die Tür vor der Nase zuschlagen. Immer wieder sind es Beamte, die den Zigeuner bewußt unterdrücken.
Die Politiker in Hamburg wissen nichts von unseren Problemen. Sie wissen nicht, daß wir jahrelang gehetzt, zusammengetrieben und ermordet worden sind. Die Politiker sind alle in meinem Alter, aber keiner weiß etwas von uns. Haben ihre Eltern nie darüber gesprochen? Wenn sich jeder Politiker, jeder Beamte und jeder Behördenmensch einmal im Monat mit dem Problem der Zigeuner auch nur eine Stunde befaßt, dann wären schon einige Probleme gelöst. Wir Zigeuner müssen auch Steuern bezahlen, wenn wir überhaupt einen Arbeitsplatz bekommen. Ich habe bisher 15 Jahre gearbeitet, davon 12 Jahre in einer Firma. Aber wenn ich jemals gesagt hätte, daß ich Zigeunerin bin, wäre ich sofort entlassen worden.
Mein Sohn hat 4 Jahre am Hamburger Amtsgericht gearbeitet. Er wurde in einem Fortbildungskurs derartig benachteiligt, daß er gekündigt hat. Er konnte es nicht mehr mit ansehen, wie andere ihm vorgezogen worden sind mit der gleichen Note. Erkundigen Sie sich einmal beim Hamburger Amtsgericht, dann wissen Sie Bescheid, wie es Zigeunern ergeht, wenn sie wirklich einmal einen Arbeitsplatz haben.
Wir Zigeuner müssen und werden noch eine Weile Angst haben, denn die Gettos sind noch nicht aufgelöst.
Wer sich von uns Sinti aus eigener Kraft irgend etwas geschaffen hat, der muß sehen, daß er das behält. Es gibt immer wieder Beamte, die gerne wieder einmal ein bißchen Druck machen bei den Zigeunern. Immer man drauf auf den Kopf, sobald sich jemand hochgearbeitet hat.

Die Friedrich-Naumann-Stiftung veranstaltete in Zusammenarbeit mit dem Verein zur Durchsetzung der Rechte der Sinti in Kiel und Schleswig-Holstein e.V. im Juni 1980 ein dreitägiges Seminar mit dem Thema:
„Sinti-Bewegung oder die Entstehung eines alten Volkes". Teilgenommen haben die verschiedenen Sinti-Verbände, die Gesellschaft für bedrohte Völker und einige Politiker.
Als Redner traten unter anderem auf:
Ranco Brandtner, Oskar Birkenfelder, Ernst Klimmt, Romani Rose, Matthäus Weiß, Wilhelm Weiß

Wir wollen systematisch an der Beseitigung von Diskriminierung und Vorurteilen arbeiten. Dieses soll durch Kulturveranstaltungen (Musik und Informationen, Ausstellungen, usw.) geschehen sowie durch regelmäßige Rundfunkbeiträge, vor allem im Kinder- und Jugendprogramm, durch Unterrichtsprogramme, die in Zusammenarbeit mit Lehrern erstellt werden, durch Vorträge von Sinti im Schulunterricht und auf öffentlichen Veranstaltungen.
Außerdem streben wir eigene Sendezeiten im Rundfunk an, wie sie auch ausländischen Arbeitnehmern zur Verfügung stehen. Denn es ist für uns Sinti besonders schwierig, eben weil die meisten nicht lesen und schreiben können, Informationen in Form von Zeitungen zu verbreiten.

Aus der Satzung des Sintiverbandes Kiel

Wir sind nicht damit zufrieden, nur am Leben gelassen zu werden, wir fordern das Recht, aus dem Dreck heraus zu kommen. Solange das nicht abgebaut wird, solange wir nicht schreiben und lesen können, finden wir keinen normalen Arbeitsplatz. Genauso ist es hier in Kiel mit den Wohnungen. Die Stadt hat zwar Wohnungen gebaut, aber die Wohnungen sind an den Bedürfnissen der Leute vorbeigebaut worden. Die Leute wurden einfach in die Wohnungen hineingestopft. Die meisten Leute müssen im Winter 30 Zentner Kohlen im Monat kaufen, um ihre Wohnungen zu heizen. Wenn die Leute dann zum Sozialamt gehen, kriegen sie keine müde Mark dafür. Sie sind gezwungen, Geschäfte zu machen, aber als Analphabeten kriegen sie nichts. Solange sich das nicht ändert, werden wir immer ein armes Volk bleiben. Hier in Kiel ist das unser Hauptproblem. 80 Prozent von uns können nicht lesen und nicht schreiben. Unsere jungen Männer können ihre Führerscheine nicht machen. Sie fahren dann so, werden vorbestraft. Sie müssen aber trotzdem weiterfahren, um ihre Familien durch Handel ernähren zu können, werden wieder vorbestraft, ein ewiger Kreislauf. Wenn das nicht beseitigt wird, wenn wir Sinti uns nicht vernünftig ernähren können, werden wir zugrunde gehen.

M. Weiß
Vorsitzender
vom Kieler
Sinti-Verband

Das Duo Z ist die einzige Sinti-Musikergruppe, deren Repertoire ausschließlich Lieder mit politischem Inhalt umfaßt. Ihr Auftritt in Kiel brachte einen Teil der Diskussionsthemen in musikalischer Form.

Das Ordnungsamt

Das Ordnungsamt verwies mich an die Fremdenpolizei,
dort ging ich zu Herrn Maier, erster Stock, im Zimmer Drei.
Der wiederum verwies mich an Herrn Schulze, Zimmer Vier,
der fragte mich: „Was du denn woll'n von mir?"
„Ich möchte gern mein' Paß verlängern" – doch ich kam kaum zu Wort –
da sprach er schon: „Du türkisch Mann, andres Haus du kriegst Passport!"
Ich habe nie erlebt, daß Türken in Behörden sind ...
Dieser Schulze sprach ja wie ein kleines Kind!
Er konnte ja kaum Deutsch, wie sollte ich ihn denn verstehn?
So einen blonden Türken hatte ich noch nie gesehn!
Ich murmelte „Entschuldigung" und wollte wieder gehn,
da rief er „Halt! He du! Du bleiben stehn!
Du türkisch Mann, du falsch sein hier in Zimmer Nummer vier!"
Ich fragte „Aber wo ...?" – Herr Schulze sagte drauf zu mir:
„Du müssen rauf in dritten Stock, da sein ein langer Flur,
und ganz am Ende an der Tür, du brauchen klopfen nur!"
Ich sage „dankeschön", die Uhr zeigt zehn nach drei,
mein Wagen steht im Parkverbot, der Fahrstuhl ist nicht frei,
ich renn die Treppen hoch und außer Atem klopf ich an:
'Ne Stimme ruft: „Kommen Sie rein, junger Mann!"
„Ich möchte gern mein' Paß verlängern!" – Doch ich kam kaum zu Wort,
da sprach sie schon: „Du türkisch Mann, andres Haus du kriegst Passport!"
Ich habe nie erlebt, daß Türken in Behörden sind ...
Diese Frau Krause sprach ja wie ein kleines Kind!
Sie konnte ja kaum Deutsch, wie sollte ich sie den verstehn?
So eine blonde Türkin hatte ich noch nie gesehn!
Spricht denn niemand Deutsch mehr bei der Fremdenpolizei?
Bin ich in Istanbul? In der Türkei?
„Du türkisch Mann, du falsch sein ganz in diesem Zimmer hier",
Ich fragte: „Aber wo ...?" Frau Krause sagte drauf zu mir:
„Du müsssen rauf in neunten Stock, da sein ein langes Flur,
und ganz am Ende an der Tür, du brauchen klopfen nur!"
Ich sage „dankeschön" – der Fahrstuhl ist besetzt,
mein Wagen steht im Parkverbot, die Nerven sind zerfetzt,
ich renn' die Treppen hoch und außer Atem klopf ich an:
'Ne Stimme rief: „Draußen warten! Sie sind noch nicht dran!"
Ich hab' mich auf die Holzbank auf dem langen Flur gesetzt,
'ne Stunde oder länger, dann hieß es: Feierabend jetzt!
Die Türen gingen auf, die Türen klappten zu –
ich fragte mich verdattert: Ja, und nu?
Erfolglos zieh ich Leine, stinksauer, ist ja klar,
wie ich unten ankomm, ist mein Wagen nicht mehr da!
Da hängste nun seit Stunden auf der Fremdenpolizei –
nichts erreicht! Außer abgeschleppt seit Drei ....

Duo Z

Nachwort

Zuerst wollten wir ein Fotobuch über die Sinti machen, dann haben wir den Inhalt, die Texte und die Fotos gemeinsam mit ihnen erarbeitet, sie durch einen ausführlichen Interviewteil selbst zu Worte kommen lassen. So ist es ein Buch der Sinti geworden. Wir wollen zeigen, wie sie leben, wir wollen dazu beitragen, sie besser zu verstehen. Wir versuchen, durch unsere Fotos unsere wirkliche Erfahrung zu vermitteln und Nähe zu schaffen, damit Vorurteile, die durch Abstand und Angst entstanden sind, aufgelöst werden können.
Wir kennen und fotografieren Sinti seit drei Jahren. Aber erst mit der Bürgerrechtsbewegung der Sinti wurde unsere Arbeit konkret. Wir wissen, daß Fotografien eine politische Kraft haben können. Wir wollen diese für die Interessen der Sinti einsetzen. Aber das war erst möglich, als diese selbst sich zu wehren begannen. Das Buch ist so ein Teil des Widerstandes der Sinti geworden.

Von vielen Familien wurden wir wie Freunde, wie Familienangehörige aufgenommen. Dies geschah, obwohl dieses Volk, das seit über 500 Jahren unter uns lebt, von unseren Vorfahren und Vätern gejagt, mißhandelt, ermordet wurde und von den Verwaltenden bis heute niedergehalten und abgedrängt wird.
Man hat uns mit unseren Kameras in die Wohnungen, Wohnwagen, auf Plätze, Feste und Versammlungen eingeladen. Wir haben für sie und in ihrem Auftrag fotografiert bei ihrer Demonstration in Bergen-Belsen, dem Hungerstreik in Dachau, auf dem Seminar in Kiel, dem Musikfest in Hamburg und bei Familienfeiern. Durch unsere Anwesenheit und aktive Beteiligung bei den wichtigsten Veranstaltungen, und dadurch, daß wir überall auch Familien fotografiert und mit ihnen gesprochen haben, wurden wir zu Wanderfotografen, zu Zulieferern von Informationen.
Unsere Fotos gingen auch ein in Familienalben. Der Bildbedarf der Sinti war von uns kaum zu befriedigen. Allein in Gelsenkirchen haben wir fast 1.000 Fotografien zum Selbstkostenpreis abgegeben. Wir arbeiten nicht mit einer vorgefertigten Konzeption. Wir lassen uns von unseren Beobachtungen leiten. Fotografie ist für uns zugleich ein Mittel der Untersuchung und der Darstellung, der Analyse und der gestalteten Präsentation. Die Fotografien wurden darüber hinaus für uns auch zum Verständigungsmittel.
Erst nach und nach erkannten wir die ungewöhnliche visuelle Sensibilität der Sinti. Bei keiner unserer bisherigen Fotoarbeiten haben wir erlebt, daß unsere Fotos so aufmerksam und sachkundig gelesen wurden. Den Sinti haben die

Nationalsozialisten den Schulunterricht verboten. Ein großer Teil der Erwachsenen kann nicht oder nur mühsam lesen und schreiben. Dafür ist ihre Fähigkeit, die Sprache der Bilder zu lesen, hoch entwickelt und hat uns immer wieder erstaunt.

Es gibt kaum Sintiliteratur. Das Romanes ist eine gesprochene Sprache, die sich aus dem Sanskrit ableitet. Es gibt 14 verschiedene Dialekte, aber noch keine endgültige Schriftform.

Andererseits ist die Fähigkeit, Empfindungen, Fakten, Erfahrungen in Erzählungen darzustellen, bei ihnen hoch entwickelt. Wenn sie erzählen, können wir nicht mithalten.

Unser Redestil ist „verkopft", verknappt, durch ein Übermaß an Fachsprache zu Begriffsgittern erstarrt. Die Sinti sprechen bildhaft, gefühlsstark und im Inhalt direkt, unverstellt auch von taktischen Ängsten und Rücksichten.

Unsere Tonbandaufzeichnungen sind die Quelle der Texte in diesem Buch. Wir können die Lage dieses Volkes und die besonderen Schicksale einer Familie nicht besser beschreiben als sie selbst. Besonders im Textteil ist dies daher ein Buch der Sinti. Erzählungen der Sinti in Schriftform gibt es in diesem Umfang kaum.

Wir hoffen, daß dieses Buch zum Erfahrungsaustausch der Sinti untereinander beiträgt, und daß die Funktion der Zulieferung von Information und Anschauung, die wir bereits beim Zeigen einzelner Fotoserien beobachtet haben, von dem Buch weiter und umfangreicher erfüllt wird.

Wir hoffen auch, daß diejenigen unter uns, die den Sinti bisher mit Mißtrauen,

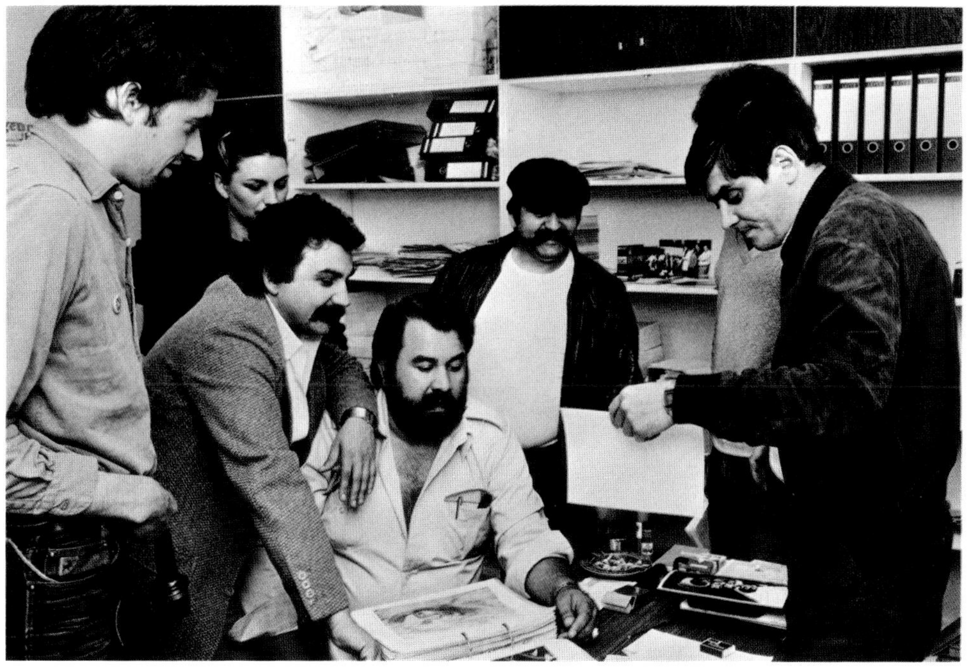

Aggression oder Mißachtung begegnen, ihre Meinung und ihr Verhalten verändern dadurch, daß sie sich „ein Bild machen" können.
Mit den neuen, gesellschaftspolitischen Forderungen der Sinti, mit ihrer neuen Organisationsform und der überraschenden Öffentlichkeitsarbeit tritt das politische Leben dieser Bevölkerungsgruppe in eine neue Phase. Hier kann ein solches Buch den Zusammenhalt, die Solidarität nach innen fördern und zugleich die Wirksamkeit nach außen steigern.
Wir gehören zu dem Volk, das an den Sinti die größten Verbrechen verübt hat: Verfolgung, Massenmord und bis heute Diskriminierung und Verweigerung elementarer Grundrechte. Mit dem Respekt und der Sympathie, die sich bei uns im Laufe unserer Arbeit immer mehr gesteigert haben, hat sich auch ein Gefühl der Verantwortung entwickelt.
Wir wollen im Kampf um Bürgerrechte einen Beitrag für die richtige Seite leisten. Und zuletzt: Eine Gesellschaft ist daran zu messen, wie sie ihre sozialen Minderheiten behandelt.
Je näher wir Zugang zu den Schwierigkeiten der Sinti fanden, desto größer wurde unser Zorn. Unterdrückung in unserer Gesellschaft, gegen wen auch immer gerichtet, betrifft auch uns.

Jörg Boström
Uschi Dresing
Jürgen Escher
Axel Grünewald

Autoren

Jörg Boström
geb. 25. 9. 1936
Wichelweg 40
4900 Herford / Eickum
Tel. (05221) 15162
Professor/Fotografie
Fachhochschule Bielefeld

Publikationen unter anderen:
Rettet Eisenheim
Projektgruppe,
Boström, Günter,
Berlin (West) 1972, VSA Verlag
Wer macht Schalke kaputt?
Projektgruppe, Boström
Berlin (West) 1973, VSA Verlag
Rationalisierung für wen?
Projektgruppe, Boström
Berlin (West) 1974, VSA Verlag
Arbeiterinitiativen im Ruhrgebiet
Boström/Günter (Hrg)
Berlin (West) 1975, VSA Verlag
Alltag I
Autorenpublikation,
Hamburg, 1978, VSA Verlag
Alltag II
Autorenpublikation,
Hamburg, 1980, VSA Verlag
Dialektik der Fotografie
Dialektik in der Fotografie
Format Heft 4, 1980, Karlsruhe
Gestaltungsfragen
an Arbeiterfotografen
Artikelserie
Arbeiterfotografie 1980, Neuß

Uschi Dresing
geb. 5. 1. 1950
Wittekindstr. 51
4800 Bielefeld
Tel. (0521) 121262
Fotojournalistin
Angestellte der Fachhochschule Bielefeld

Publikationen unter anderem:
in Kultur-, Frauen-, Gewerkschafts- und pädagogischen Zeitungen
Arbeiterinitiativen
Boström/Günter (Hrg.)
Berlin (West) 1975, VSA Verlag
Alltag I und II
Autorenpublikation,
Hamburg, 1978/1980,
VSA-Verlag
FrauenBilderLeseBuch
ElefantenPress
Thüne/Olfe-Schlothauer
Berlin, 1980, Elefanten Press Verlag
Sinti und Roma
Verband Deutscher Sinti /
Gesellschaft für bedrohte Völker, Göttingen, 1980,
Reihe Pogrom

Jürgen Escher
geb. 23. 1. 1953
Wittekindstr. 8a
4900 Herford
Tel. (05221) 58636
Student für Fotografie
Fachhochschule Bielefeld

Fotoausstellungen in journalistischer und bildhafter Fotografie

Axel Grünewald
geb. 5. 8. 1954
Renntorwallstr. 5
4900 Herford
Tel. (05221) 55981
Student für Fotografie
Fachhochschule Bielefeld

Fotoausstellungen in journalistischer Fotografie, verschiedene Publikationen

Zur Unterstützung des Hungerstreiks der Sinti zeigte die Gruppe auch eine Ausstellung „Laßt uns unser Recht fordern" in den Ausstellungsräumen des ehemaligen Konzentrationslagers in Dachau.

Bildnachweis

Jörg Boström
S. 6, S. 37, S. 47 (o/u), S. 49 (u), S. 50 (l/r), S. 51 (l), S. 52, S. 53, S. 58 (o/u), S. 59 (o), S. 60 (o/u), S. 61, S. 62 (o/u), S. 63 (o/u), S. 64 (o/u), S. 65, S. 84 (u), S. 176/177, S. 188, S. 189 (o/u)

Uschi Dresing
Titelfoto, S. 30 (o/u), S. 31 (o/u), S. 32 (o/m), S. 33 (o), S. 36 (o/u), S. 38 (o/u), S. 39 (o/u), S. 43 (u), S. 44, S. 45 (o), S. 48, S. 51 (r), S. 54, S. 55 (o), S. 68, S. 72 (o), S. 80/81, S. 83, S. 85 (u), S. 102 (o/u), S. 103 (o/u), S. 104/105, S. 124 (o/u), S. 125, S. 126 (o/u), S. 127 (o/u), S. 129 (o/u), S. 130 (o/u), S. 131, S. 132 (o/u), S. 133 (o/u), S. 134, S. 135, S. 136 (l/r), S. 137, S. 148/149, S. 150, S. 151, S. 152 (r), S. 154 (u), S. 157, S. 158 (u), S. 162/163, S. 165 (o/u), S. 166 (o), S. 171, S. 172, S. 173 (o/u), S. 174, S. 175, S. 178, S. 179, S. 180 (o), S. 183 (o), S. 185 (m/u), S. 190 (o/u)

Jürgen Escher
S. 26/27, S. 40, S. 42 (o), S. 45 (u), S. 46 (u), S. 66 (o), S. 69 (o/u), S. 70 (u), S. 72 (u), S. 73 (u), S. 88/89, S. 90 (u), S. 91 (o/u), S. 92 (u), S. 94 (u), S. 95 (o/u), S. 96, S. 97 (u), S. 99, S. 100, S. 108, S. 110 (o/u), S. 111 (u), S. 114 (o), S. 115, S. 117, S. 121, S. 122 (o/u), S. 128, S. 142 (u), S. 143 (u), S. 146 (o/u), S. 154 (m), S. 158 (o), S. 180 (u), S. 181 (u), S. 182 (o/u), S. 183 (u), S. 184 (o/u), S. 185 (o)

Axel Grünewald
S. 32 (u), S. 33 (u), S. 34/35, S. 41, S. 42 (u), S. 43 (o/m), S. 46 (o), S. 49 (o), S. 55 (u), S. 56 (o/u), S. 57 (o/u), S. 59 (u), S. 66 (u), S. 67 (o), S. 70 (o), S. 71, S. 73 (o), S. 74, S. 75 (o/m/u), S. 77, S. 78, S. 79, S. 82 (u), S. 84 (o), S. 85 (o), S. 86, S. 87, S. 90 (o), S. 92 (o), S. 93 (o/u), S. 94 (o), S. 97 (o), S. 98, S. 101 (o/u), S. 106/107, S. 109, S. 110 (m), S. 111 (o), S. 112/113, S. 114 (u), S. 116 (o/u), S. 118, S. 119 (o), S. 120, S. 123 (o/m/u), S. 138 (o/u), S. 139, S. 140 (u), S. 141 (u), S. 142 (o), S. 143 (o), S. 144/145, S. 147, S. 152 (l), S. 153, S. 164, S. 166 (u), S. 167 (o/u), S. 168, S. 181 (o), S. 186

Axel Helmold
S. 28/29, S. 31 (m), S. 66 (m), S. 67 (u)

Magnussen
S. 140 (o), S 141 (o)

Alf Gesser
S. 76 (o/u)

Jacques Callot
S. 10 (o/u)

Henri Berssenbrugge
S. 12, S. 13

Ernst Thormann
S. 16, S. 17 (o/u)

Otto Pankok
S. 22, S. 23

L. Kuznetsova
S. 24 (o/u), S. 25 (o/u)

Eugen Heilig
S. 83 (l.u)

Autoren unbekannt
S. 19, S. 20, S. 21, S. 83 (r.u)

Wir bedanken uns für die historischen Fotos bei den Familien Schmidt, Bamberger und Brandtner.
S. 118 (u), S. 154 (o), S. 156 (o/m/u), S. 159

Literaturnachweis

Berssenbrugge, Henri
Straat en Landleven
Amsterdam, 1977 (Scheffer/Schlechte)

Clebert, Jean Paul
Das Volk der Zigeuner
Frankfurt/Hamburg, 1967 (Fischer Verlag)

Geigges, Anita
Wette, Bernhard
Zigeuner heute – Verfolgung und Diskriminierung in der BRD
Bornheim/Merten, 1979 (Lamuv-Verlag)

Gesellschaft für bedrohte Völker
Verband Deutscher Sinti
Sinti und Roma
Göttingen/Wien, 1980 (Reihe pogrom)

Kendrick, Donald
Puxon, Grattan
Die Vernichtung der europäischen Zigeuner im Dritten Reich
Göttingen/Wien, 1981 (Reihe pogrom)

Knobloch, Johann
Volkskundliche Sintitexte
Freiburg, 1950 (Paulusdruckerei)

Lakatos, Meynhert
Bitterer Rauch
Stuttgart, 1979 (Deutsche Verlagsanstalt)

Lee, Ronald
Verdammter Zigeuner
Weinheim/Basel, 1978 (Beltz-Verlag)

Mauer, Wolf in der
Die Zigeuner
München, 1978 (Molden TB-Verlag)

Mode, Heinz
Zigeuner
Leipzig, 1968 (Koehler & Amelang)

Pankok, Otto
Zigeuner
Düsseldorf, 1947 (Drei Eulen Verlag)

Schwaab, Gert
Wüpper, Edgar
Zigeuner – Portrait eine Randgruppe
Luzern/Basel, 1979 (Bucher-Verlag)

Steinmetz, Selma
Österreichs Zigeuner im NS-Staat
Wien, 1966 (Europa-Verlag)

Von Soest, George
Zigeuner zwischen Verfolgung und Integration
Weinheim/Basel, 1979 (Beltz-Verlag)

Zülch, Tilmann
In Auschwitz vergast, bis heute verfolgt
Reinbek bei Hamburg 1979 (Rowohlt-Verlag)

Zur Unterstützung der politischen Arbeit der Sinti und Roma bitten wir um Spenden auf das Sonderkonto:
Humanitäre Hilfe der Gesellschaft für bedrohte Völker
Postscheckamt Hamburg, Kontonummer 7400
Stichwort: Bürgerrechtsarbeit der Sinti und Roma
Die Spenden sind steuerlich absetzbar.

Adressen

Organisationen von Sinti und Roma

Verband Deutscher Sinti (Bundesverband)
Vinzenz Rose, Romani Rose, Postfach 1240, 6836 Oftersheim
Büro:
Bergheimer Str. 26, 6900 Heidelberg, Tel. (06221) 13280
Vertretungen in
Augsburg:
Franz Wirbel, Lechfelder Str. 9, 8933 Obermeitingen
Aurich/Ostfriesland:
Paul Dambrowski, Schniederskamp 16, 2690 Aurich
Bayreuth:
Egon Siebert, Wörthstr. 4, 8580 Bayreuth
Berlin:
Henry Franz, Lagerweg 14-18, 1000 Berlin
Darmstadt:
Wallani Georg, Am Karlshof 15, 6100 Darmstadt
Hamburg:
S. Tornado Rosenberg ("Duo Z"),
Nordmeerstr. 57d, 2000 Hamburg 95
Heidelberg:
Michael Braunwarth, Bliesweg 3, 6900 Heidelberg
Kaiserslautern:
Nikolaus Steinbach, Friedenstr. 31, 6750 Kaiserslautern
Mannheim:
Anton Franz, Rosenstr. 59, 6800 Mannheim
und Dronja Peter,
Frischer Mut 14-16, 6800 Mannheim-Waldhof 31
Marburg:
Adam Strauß, Im Waldtal 13, 3550 Marburg
Nürnberg:
Friedrich Schopper, Wilhelmshavener Str. 26, 8510 Fürth
Ulm:
Ranco Brandtner, Wengengasse 35, 7900 Ulm

Arbeitskreis Holocaust in Braunschweig
(Verein von Sinti und Nicht-Sinti):
c/o Karl Schönfeld,
Am Horstbleek 11, 3300 Braunschweig
Cinti-Union in Freiburg, Postfach 6352, 7800 Freiburg
Generalsekretär Grattan Puxon, odos Dimokritou 19, Akropoli, Thessaloniki, Griechenland
Präsidiumsmitglied in der Bundesrepublik:
Romani Rose, s.o.
Romani-Union (Weltverband der Sinti und Roma):
Präsident Dr. Jan Cibula,
Kramgasse 76, 3007 Bern, Schweiz
Sinti-Forum Osnabrück:
c/o Manfred Böhmer,
Fritz-Reuter-Str. 19a, 4500 Osnabrück
Verein der jugoslawischen Roma in der Bundesrepublik:
"Roma-Club", Gerresheimer Str. 96, 4000 Düsseldorf
Sinti-Union, Theodor Wirbel, Theodor-Bas-Weg 13
Verband der Sinti in Niedersachsen:
Ernst Klimt, Fahrenheitstr. 31, 3200 Hildesheim
Ernst Anton, Hartwigstr. 1, 3000 Hannover
Karl-Heinz Stein, Hugo-Luther-Str. 18, 3300 Braunschweig
Verein zur Durchsetzung der Rechte der Sinti in Berlin
(Verein von Sinti und Nicht-Sinti):
c/o Gisela Hüller, Ehmckstr. 52, 2800 Bremen 33
Verein zur Durchsetzung der Rechte der Sinti in Bremen
(Verein von Sinti und Nicht-Sinti):
c/o Friedrich Reichert, Ehmckstr. 53, 2800 Bremen 33
Verein zur Durchsetzung der Rechte der Sinti in Kiel und Schleswig-Holstein
(Verein von Sinti und Nicht-Sinti):
c/o Thomas Matuszek, Metzstr. 23, 2300 Kiel

Gesellschaft für bedrohte Völker
Bundesvorstand und zentrales Büro:
Postfach 159, 3400 Göttingen, Tel. (0551) 55822
Redaktion pogrom: Tel. (0551) 55823